ちくま文庫

「幕末」に殺された女たち

菊地明

筑摩書房

はしがき

本書を手にしてくださる方々には無用なことだとは思いますが、「幕末」という時代は嘉永六年（一八五三）六月にペリーが来航したことに始まります。

しかし、それ以前より海防への危機感を抱いていた人々がいました。御三家の一つである水戸藩の「烈公」こと徳川斉昭がその一人です。

ペリーの開港要求に困惑した幕府筆頭老中・阿部正弘は、その斉昭を海防参与として幕政へ関与させます。また、同時に阿部はペリーが持参した国書を大名や幕臣に示し、意見を求めました。

これは十二代将軍・徳川家慶がペリー来航直後に死亡し、新将軍不在という状況下にあったためでもあるのですが、ここに徳川独裁の江戸幕府の崩壊が始まります。

基本的に幕政の中枢にある要職に与るのは、徳川本家の家来である譜代大名と旗本でした。御三家や親藩は本家の親戚であり、そのような身分にある者は幕府に奉公する必要はなく、外様大名は本来の徳川家の家来ではないので、自藩の内政に励むべきであって、幕政に加わることは認められていませんでした。

広く意見を求めるということは民主的な方法なのですが、幕府体制には不必要なことだったのです。阿部正弘は彼らに〝既得権〟を与えてしまったのです。

安政元年（一八五四）一月にペリーは再来航するのですが、このときに幕府は通商は拒絶したものの、薪水や食料の補給と難破民の保護を目的とした日米和親条約を結び、下田と箱館が開港されることになります。朝廷の立場も鎖国でしたが、和親条約はあくまでも人道に配慮したものであり、幕府より報告を受けた朝廷も、天皇の徳の表れとして一応の満足を示します。

本書で取り上げた「幕末」は、ここに始まります。

「憂国の志士」たちの活動が目立つようになるのです。特に勅許を得ないまま、幕府が安政五年六月に日米友好通商条約を結んでからは活発になります。このときの大老が井伊直弼です。井伊は反対派を弾圧する安政の大獄を断行し、その反動で万延元年（一八六〇）には桜田門外の変が起きます。親幕派と反幕派の対立の構図が鮮明化されました。人の命が政治を動かすという現実の前に、人の命が軽くなり、時代が血の色に染められるようになるのです。

文久二年（一八六二）には坂下門外の変が起き、同年後半からは京都と大坂で天誅事件が頻発し、元治元年（一八六四）六月には池田屋事件、慶応元年（一八六五）には西上した水戸天狗党の大量処刑、同三年十二月には江戸薩摩藩邸の焼き討ち事件、同四年一月には鳥羽・伏見の戦いが勃発し、戊辰戦争に突入します。その後、北越・東北地方を戦場とした戊辰戦争は、明治二年（一八六九）五月に蝦夷地へ渡って抗戦を続けていた旧幕軍が降伏して終結するのですが、この間に多くの血が流され、多くの命が失われました。

本書で取り上げた男たちで一般に名前を知られているのは、梅田雲浜・井伊直弼・清河八郎・芹沢鴨・武田耕雲斎といったところでしょうか。

彼らは無念ではあっても、己の信じる道を進んでいただけでしょうが、その背後には女たちがいました。

その多くは彼らの妻なのですが、彼女たちは夫に従い、夫を陰で支えることを美徳として生きてきました。夫が名もない男であれば、その妻も名もない女です。それでも彼女たちは必死に生き、そして死んでいきました。

死因は病死・自死・殺害・処刑・戦死と様々ですが、彼女たちは幕末という時代に死亡したというだけではなく、幕末という時代に死をもたらされたのです。「幕末」という時代によって〝殺された〟ともいえます。

なお、二人の例外を除いて、本書で取り上げた女たちは幕末期に死んでいます。例外は「斎藤きち」と「村山可寿江」の二人ですが、彼女たちはそれぞれ明治二十三年と明治九年に亡くなっていますが、なぜ二人を「幕末」に〝殺された〟女としたのかについては、本文をご覧いただきたいと存じます。

人の死は、ともするとドラマチックに仕立て上げられてしまいます。決して死者を冒瀆するためではないのですが、それでは事実と掛け離れてしまいます。それを避けるため原文の引用を行っておりますが、引用文は読み下しとし、旧字は新字に改め、原註は〈 〉内に記したことをお断りいたします。

平成二十七年二月

菊地　明

目次

「幕末」に殺された女たち

1　梅田雲浜の妻・信
――国事に奔走する夫を支えながら病死した女

嘉永《かえい》六年（一八五三）六月、ペリー率いる四隻のアメリカ艦隊が開港を求めて江戸湾の浦賀（神奈川県横須賀市）に出現した。

「泰平の眠りを覚ます上喜撰（蒸気船）たった四杯で夜も眠れず」と狂歌に詠まれた「黒船来航」である。

これによって日本は「幕末」という時代を迎えることとなる。

しかし、過去においても外国船は蝦夷《えぞ》（北海道）・琉球《りゆうきゆう》（沖縄県）のほか、長崎にも来航して通商を求めており、文化五年（一八〇八）には「フェートン号事件」と呼ばれる、長崎港へのイギリス船侵入事件が起きていた。彼らは脅迫的に薪水《しんすい》・食料の提供を要求、それに屈した長崎奉行はみずから切腹し、警備を命じられながら、兵力を削減していた佐賀藩の家老以下も腹を切った。

その後、外国船の入国手続きを強化したが、それでもイギリス船の出現が相次ぎ、文政八年（一八二五）に幕府は「異国船打払令」を発することとなる。

黒船来航以前より、時代はすでに動き出そうとしていたのである。

梅田雲浜《うんぴん》が若狭国（福井県）小浜城下で生まれたのは、フェートン号事件から七年後の文化十二年のことだった。

父親は小浜藩士の矢部岩十郎、母を義《よし》といい、兄に孫太郎がいた。雲浜は源二郎と名付けられ、八歳のときに藩校・順造館に入学するが、三年後の文政八年に父親が隠居し、兄の孫太郎が家督を相続している。

文政十二年には京都河原町二条の山田仁兵衛方に下宿し、堺町通り二条にあった望楠軒に通い、翌天保元年（一八三〇）に江戸へ出ると藩の儒家・山口菅山のもとで学んだ。

山口菅山は朱子学者・山崎闇斎の弟子で、「崎門《きもん》学」「闇斎学」と称された闇斎の教えは、幕末の尊王攘夷思想に大きな影響を与えた。菅山に学んだ雲浜も、その例に漏れることはなかった。

二十六歳となった天保十一年に雲浜は帰国するが、そのころより祖父の生家を継いで梅田姓を名乗ったようだ。また、小浜の海浜を「雲の浜」と称していたことから、雲浜を号とした。

同十二年には父親に従って西国を遊歴し、ふたたび山田仁兵衛方に身を寄せていたが、滞京中に近江国大津（滋賀県大津市）に塾を開く上原立斎《りっさい》に学ぶことを決意する。立斎も崎門学者で、学問が深く、門弟が諸国から集まっており、雲浜もかねてその名を耳にしていたためだ。

そして、大津におもむいて立斎に入門を願うが、話題が学問に及んだところ、雲浜の非凡さを見抜いた立斎は申し出を断った。すでに雲浜に教えるべきことはなく、むしろ友人として交際したいというのだ。立斎は寛政六年（一七九四）生まれで、雲浜よりも二十一歳も年上だった。

そこで雲浜は大津に湖南塾を開き、天保十四年秋まで門弟に教授していたが、その年の秋に京都へ移る。少年時代に学んでいた望楠軒に招かれたのである。望楠軒は百年以上も続く崎門学の本山だが、次第に衰退したため優秀な学者を講主（校長）とする方針を立て、その最適任者として雲浜が選ばれたのだった。二十九歳になっていた。

しかし、講主となっても雲浜の暮らしは楽ではなかった。まさに「貧困」「困窮」という言葉が相応しい。雲浜が下宿したのは木屋町通り二条の家で、わずか二畳敷きの狭い一間だったと伝わり、これを見かねた、かつての下宿先である山田仁兵衛の妻・千代は、米はもちろん、様々な物を届けて生活を助けたという。

その翌年、弘化元年（一八四四）に雲浜は立斎の娘・信《しん》と結婚する。同年五月十七日付で雲浜が、旧知の小浜藩士・西依求三郎に宛《あ》てた手紙に「今般、婚儀滞りなく相済み申し候に付き、御丁寧な御祝詞仰せ下され深謝奉り候」との一節がある。信は立斎の長女で、このとき十八歳だった。逆算すると、文政十年生まれということになる。

信は諸礼儀はもとより、和歌・華道・琴・薙刀《なぎなた》などを学んだ才色兼備の佳人で、雲浜の子孫・梅田薫の『梅田雲浜と維新秘史』には、信は「小柄な、やせぎすの、色の白い、愛きょうのある婦人」とされている。

名前は「信子」ともされるが、これは明治時代に高貴な人々を真似て、女性の名前に「子」を付けることが流行したためのもので、当時の名前は「信」とすべきだろう。

この結婚は立斎が申し入れたもので、のちに雲浜に引き取られ、ともに暮らした兄・孫太郎の遺児・登美子の談話によると、雲浜は「学問は未熟なり、生活は困難なり、かつ前途、立身の程も未定なり」と固く辞し、「まだ二十歳にも足らぬ女で、当時の貧乏世帯を切って廻して行かれようはずはない」と思っていたが、信の母は「人生の浮沈は命なり、たとい今日富貴なるも、明日貧賤に陥ることあり。さような懸念は無用なり」(『梅田雲浜遺稿並伝』)と強く懇請したため、雲浜は父親に相談したうえで信を娶《めと》ることとした。

しかし、それは杞憂《きゆう》に終わる。

雲浜は相変わらず国を憂え、学問に打ち込むばかりで、家庭人としての自覚が欠如しており、客人があれば酒肴でもてなすことを求め、小遣い銭を与えることもあり、信に苦労をかけるばかりだった。それでも信は雲浜を煩わせることなく、貧しい家計をやりくりしていた。

弘化二年には長女・竹が誕生したが、信は夜遅くまで裁縫などの手内職で家計を助けていたものの、さらに一家に貧困が襲いかかった。

学問一筋の雲浜は、これまでも藩政上の問題に対してしばしば上書を提出し、忌憚《きたん》のない意見を述べていたが、これが藩上層部の怒りを買い、ついに嘉永五年七月、藩籍を削られてしまったのだ。

翌月三日付で矢部三五郎に宛てた手紙に、「下拙（雲浜）義（儀）、御上思し召しこれあり御暇下し置かれ……」とあり、また、その原因については「御政道の事ども無遠慮申し上げ候事ども相重なり候事にてこれあるべきと存じ候」と、度重なる上書にあったことを認めている。しかし、それを雲浜は悔いることなく、「もとより覚悟の事にてこれあり申し候」と続けた。

矢部三五郎とは、雲浜の兄・孫太郎が死亡したため、小浜で矢部家を継いでいた弟のことで、三五郎も雲浜に連座して、叔父の矢部弘介とともに謹慎を命じられている。

これによって雲浜の身分は浪人となり、いったんは高雄（京都市右京区）に移ったが、すぐに一乗寺村（京都市左京区）の葉山観音堂の境内にあった家を借り、そこへ移った。

浪人となる前か、その後かは不明だが、この年には長男・繁太郎も誕生しており、このころが最も困窮していた時代である。

信は和歌に秀でており、それらが『梅田信子遺詠』として伝えられているが、その二十一首のなかに「樵《き》り置きし軒の積木《つみき》も焚《た》きはてて　拾ふ木の葉の積《つも》る間ぞなき」というものがある。「切り貯めて積んでおいた薪も使いきり、その代わりに散った木の葉を拾い集めて使っているため、木の葉が積もる暇もない」という意味で、貧しさを隠しきれない歌のようにも読めるが、信には心の支えがあった。雲浜の存在である。

信は「事たらぬ住居《すまい》なれどもす（住）まれけり　われを慰む君あればこそ」（『梅田信子遺詠』）と詠んでいる。「不自由な住まいに暮らしてはいるが、君（夫）が慰めてくれるので苦労ではない」という意味だ。この歌から感じることができるのは、愛情というよりも、雲浜のすべてを受け入れようとする信頼や畏敬の念ではないだろうか。信にとって雲浜は、何にも代え難い心の拠り所だったに違いない。

翌嘉永六年一月、一家は市中の寺町通り四条下ルに移る。前年より病を得て、京都で養生していた信の実父・上原立斎の看病にあたるためだった。

一乗寺村でのこととされるが、おそらくは、市中への転居後のことだろう。

京都の儒者仲間で、日頃より交流のあった頼三樹《らいみき》三郎《さぶろう》が、一人の儒者を連れて雲浜のもとを訪ねたという。

三人によって尊王論や国防論が熱く語られるなか、信は酒と肴《さかな》を運んでくる。酒が入って銘々が自作の詩を吟じていると、雲浜は信を呼んで琴を奏でるように命じた。頼三樹三郎たちも所望するため、信は隣の部屋で演奏するので、そこを決してのぞかないようにと雲浜に耳打ちしてから席をはずした。

ところが、そのとき信は米を買うために琴を質入れしていたのだ。それを思い出した雲浜は気が気でなかったが、やがて隣室から琴の音が聞こえてきた。雲浜が、信の言葉を忘れて思わず部屋をのぞいてみると、下着の襦袢《じゅばん》姿で琴を弾いている信の姿があった。信は着ていた着物と帯を質草として、琴と替えてきていたのである。

そして、琴を終えるとふたたび質屋へ行き、琴を質入れして着物と帯を引き出し、着替えた姿で頼たちの前で挨拶《あいさつ》をしたのだった。雲浜の頰に涙が伝い、心より信に謝罪したという（『梅田雲浜と維新秘史』）。

また、葛生桂雨《くずうけいう》による琵琶歌『梅田雲浜』（大正七年）の歌詞には、西郷隆盛が初めて雲浜のもとを訪れてきたときのことが記されている。

西郷の訪問を受けた雲浜が「やよ客人《まろうど》をもてなせ」と物陰で命じると、信は「莞爾《にっこ》と打ち笑みて、その懐中《ふところ》に入れ行きし、おのが秘蔵の笄《こうがい》を、酒に換えてぞ来たりける」と、自分の大切な笄を酒に換えてきて、西郷をもてなしたのだという。事情を知った西郷は、「身の貧しさを物とせぬ、志士の心を温かき、酒に酌みつつ人妻の、操《みさお》もここに味わいて……」深い交わりを結んだのだという。

あくまでも琵琶歌ではあるが、続いて「あ（明）くれば安政元年」とあるので、嘉永六年の出来事ということになる。

その六月にペリーの艦隊が出現し、七月にはロシアのプチャーチン率いる艦隊も長崎に来航して、幕府に開港を求めるという事件が起きた。

これを知って雲浜は頼三樹三郎や、やはり交流のあった梁川星巌という同志の儒者と連日議論を重ねたが、事態が深刻化するのは翌安政元年（一八五四）のことだった。

この年の一月八日に療養中の立斎が死亡すると、十六日には前年の要求に対する幕府の回答を求めるペリー艦隊が江戸湾外に再来したのだ。この報に接した雲浜は、もはや座していることができずに江戸へ旅立ち、在府中の長州藩士・吉田松陰や江戸の同志と対応策を談じた。しかし、幕府は三月に日米和親条約（神奈川条約）を締結したため、雲浜は幕府に見切りを付けて、尊攘論が盛んな水戸藩におもむいて遊説したが、水戸藩も即時の攘夷へとは動こうとしなかった。

信が「物おも（思）ふ時こそ月の恋しけれ　憂きを語らふ人のなければ」と詠んだのは、この雲浜不在中のことだろうか。

雲浜は六月にはいったん京都へ帰り、次いで福井へ向かって七月に帰京する。この間に黒船は退去していたが、今度は九月にプチャーチンの艦隊が大坂湾天保山沖に来航した。これはアメリカ同様の和親条約締結のため、大坂での談判を望んだものであるが、そのような事情は知るはずもなく、夷狄《いてき》襲来と人々の危機感を煽《あお》り立てた。

雲浜も九月二十日付で鹿野蹇斎《けんさい》に宛てた手紙に、「昨日、夷船大阪(ママ)川口へ乗り込み申し候。世上騒然、定めて取り沙汰御聞きならるべきと存じ候」と、心を痛めていた。

古《いにしえ》より勤王精神が旺盛な十津川郷士も同様だった。彼らはなかなか退去の様子を見せないロシア艦隊に憤激し、攘夷断行の決意を固める。そして、かつて十津川で尊攘の大義を説いた雲浜を軍師として迎え、艦隊を撃破することとしたのだ。

十津川郷士の熱情に、雲浜は立った。

八月九日付で福井藩士・岡田淳介ほか二名に宛てた手紙に「荊婦（妻）並びに子共（供）少々病気にて、僕、子共の守り、薪水等もいたし候……」と書いているように、妻子は病床にあったが、それでも雲浜は決断した。

そのとき妻に示したのが、有名な次の七言絶句である。

妻臥病床児叫飢　（妻は病床に臥し　児は飢えに叫ぶ）
挺身直欲当戎夷　（身を挺し　ただちに戎夷に当たらんと欲す）
今朝死別与生別　（今朝　死別また生別するとも）
唯有皇天后土知　（ただ皇天后土の知るあり）

妻は病床にあり、子供たちは空腹に泣いているが、それでもなお攘夷に身を挺し、その結果が妻子との死別、生別となっても、運命は天と地の神が知るのみである、という強い決意だ。

これに対して信は寂しげな笑顔を見せつつも、雲浜の健闘を祈って送り出したという。しかし、雲浜が十津川郷士と合流するため大坂へ下ったとき、目の前にロシア艦隊の姿はなかった。幕府の要請を受けたロシア艦隊は、十月三日に下田へ向けて出航していたのである。雲浜は虚しく京都へ引き揚げるほかはなかった。

このころより信の病状は深刻化したようで、雲浜は岡田淳介らに宛てた手紙に「荊妻事、旧冬師走《しわす》二十七日より難治の病症にて、大いに心配罷《まか》りあり候」（安政二年一月二十日付）と記さざるをえなかった。「難治の病症」とは、当時は不治の病とされた労咳《ろうがい》（肺結核）だったとされる。

そして、安政二年三月二日、信は息を引き取った。結婚から十一年目、二十九歳のことである。

岡田淳介らに宛てた手紙に、「荊婦かねて病気のところ、養生相叶わず二日卯上刻死去仕り候」という雲浜の文字が並んでいる。死亡時刻は「卯上刻」というので、午前五時から六時のあいだということになる。

信の亡骸は「日限地蔵《ひぎり》」として知られる安祥院（東山区）に葬られた。墓碑を建立することができなかったというので、満足な葬儀を行うこともできなかったに違いない。

雲浜は折りにふれて、「明智光秀の妻は、後の世の鑑よとほめ給いて、武家の女はかからではかなうまじぞ」、「明智光秀の妻は、いと貧窮に陥りしも、その操正しくて、武士の心を失わざりき」（『山田登美子一夕話』）と語っていたが、まさに信は〝光秀の妻〟だった。

その年の六月、雲浜は大和国高田の村島内蔵進の長女・千代子を後妻に迎えた。信の死後、わずか三カ月のことだったが、尊攘運動を続けるためにも、竹と繁太郎という幼子のためにも、それは仕方のないことだった。

事実、雲浜は信を愛していた。

前述のように雲浜には孫太郎という兄がいたが、孫太郎が死亡すると娘の登美子は小浜に住む雲浜の弟・三五郎方に身を寄せていた。信の死後、雲浜は十四歳の登美子を引き取り、自分の娘のように養育していたのだが、あるとき登美子が後妻の千代子とともに、雲浜が常にたずさえていた手箱のなかを盗み見ようとして、ひどく怒られたことを回顧している。理由は「これは先立ち給いし先妻の位牌の入りてありしにこそ」（『山田登美子一夕話』）とあるように、雲浜は手箱に信の位牌を入れ、片時も忘れないようにしていたためだ。

梅田雲浜の墓（東山区、安祥院）

その後も雲浜は尊攘運動を続けていたが、幕府に危険人物と見なされ、安政の大獄によって捕らえられ、翌年九月十四日に江戸で獄死した。

登美子は雲浜の墓碑を建てるため安祥院を訪ねたが、「元より標《しるべ》の石もあらざりければ、今は人に踏み荒らされて、何処《いずこ》とも見え分からぬ」状態だった。しかし、辛うじてその場所を特定し、「そこに叔父君の御墓を作り立てぬ」（『山田登美子一夕話』）という。

つまり、信の埋葬地の上に雲浜の墓碑が建てられたのである。

名前こそ刻まれてはいないが、雲浜の墓碑は信の墓碑でもあったのだ。

2 洋妾・斎藤きち

——米国総領事に雇われ、人々の蔑みを受け続けて自殺した女

「斎藤きち」というよりも「唐人お吉《きち》」といえば、その名前は知られているはずだ。きちは、幕府の要請によってアメリカ総領事のタウンゼント・ハリスの妾《めかけ》となり、ハリスの帰国後は「洋妾《ラシャメン》」と後ろ指を指され、蔑《さげす》まれながら生き続け、ついには寂しく生涯を閉じたという〝ストーリー〟の持ち主である。

「唐人」とは、いうまでもなく外国人のことで、この場合は来日西洋人を意味する。その「妾」となったという意味で「唐人お吉」と称されている。

当時は一般の庶民には苗字がなかったので、「斎藤」は明治になって名乗ったものである。

安政元年（一八五四）一月、幕府の要請に従って再来航したペリーは、三月に日米和親条約（神奈川条約）の締結に成功し、これによってアメリカは総領事を日本に駐在さ

せることとなる。そのため本国より派遣されたのがタウンゼント・ハリスで、その一行が下田（静岡県）に到着したのは同三年七月のことだった。ハリスは一八〇四年（文化元年）生まれの、数え年で五十三歳である。

幕府は彼らの宿所を、かつてペリーが下田に寄港したさいの休息所である、伊豆国賀茂郡柿崎村（下田市）の玉泉寺とした。ここが領事館となって、ハリスは幕府との日米修好通商条約の締結にあたるのだが、幕府はハリスとの直接交渉は避け、下田奉行をその窓口とする。下田奉行には決定権がなく、ハリスの要求に対して責任のある回答はできない。こうした態度にハリスは怒ったが、幕府は実のある交渉ができず、ハリスが断念して帰国することを期待していたのだった。いわゆる「ぶらかし策」である。

それでもハリスの幕府に対する再三にわたる江戸出府要請によって、安政四年五月二十六日に下田条約が結ばれた。翌年六月に締結される日米修好通商条約の前段というべき条約である。

この間に、きちはハリスの愛人になったとされる。

『類聚伝記大日本史』の「唐人お吉」によれば、きちは天保十二年（一八四一）に下田の坂下町に生まれ、父親を船大工の市兵衛、母親をきわといった。もとという姉と、惣五郎という弟がいたことも確認されている。

安政三年に来日したハリスは下田に赴任すると、「侍妾を求めたが、素人女はさて措《お》き醜業を表看板とする遊女さえ、紅毛人（西洋人）の枕席に侍ることを大いなる恥辱と考える世の中で、とうていハリスの要求するような女は手に入らなかった」（『類聚伝記大日本史』）ため、窮余の一策としてきちを説得し、その妾としたのだという。

当時のきちについて、ハリスに通訳として同行していたヘンリー・ヒュースケンの僕・西山助蔵は、「下田の芸妓の中《うち》に、新内お吉と云って二十一、二、色白に瓜実顔《うりざねがお》の美婦があり、上り下りの船頭衆にチヤホヤされていた優物《ゆうぶつ》です」（『維新秘史　日米外交の真相』）と語っている。ただし、きちの年齢は「二十一、二」ではなく、安政三年時には十六歳である。

また、幕末から明治初期の写真師として知られる下岡蓮杖《れんじょう》は、当時、ハリスとヒュースケンの「給仕のような役を言い付かって、昼夜一所（緒）にいましたから……」ということで、「二人から女の世話を頼まれました」という。さらに、下岡は「私は二人からの頼みで諸方を捜して色々相談を掛けて見ましたが、なかなか今日のようにオイソレと応ずる者がない。五、六十両の金を出して貰って、多くの芸娼妓を呼んで、種々説き付けた末におキチ、おマツと云う二人の女に得心させて、おキチをハルリス（ハリス）に、おマツをヒューースケン（ママ）に配しました」（『横浜開港側面史』）としている。

こうして、きちはハリスの妾となったとされているのだが、実はハリス側が要求したのは「妾」ではなく、純然たる「看護人」だった。

安政三年の来日以来、ハリスは病を抱えていた。敬虔なクリスチャンであったハリスは酒も煙草もやらず、健康には自信があったのだが、その年の暮れには体調不良を訴え、来日前より四〇ポンド（約一八キロ）も体重が落ちていた。異国での生活と、遅々として進まない交渉がストレスとなり、胃病を患ってしまったのだ。さらに、翌年二月には多量の吐血があり、食事療法を行っているが、体重の減少は治まらず、通訳のヒュースケンに後事を託すほどだったという。

そのためヒュースケンは看護人を必要とし、出入りの役人にその周旋を依頼したのである。ところが、このときヒュースケンは自分にも〝看護人〟を求めた。「看護婦」という概念のなかった奉行所では、男の看護人を用意しようとしたが、ヒュースケンは女でなければならないと言い張ったことが、下田奉行が幕府に提出した報告書に記されている。当時、数え年で二十六歳のヒュースケンにとって、病気とは無関係に〝看護婦〟が必要だったのだ。

奉行所では「女の看護人」の意味を曲解した。少なくとも、ハリスにはヒュースケンの望むような看護婦は必要なかったのだが、彼らは妾を求めているものと解釈したのだ。

その結果、選ばれた一人が芸妓の「きち」だった。

きちについての記述で、しばしば参考にされてきた村松春水《はるみ》の『実話唐人お吉』によると、きちは天保十二年十一月十日の生まれとのことだが、誕生日について確認することはできない。

前掲の『類聚伝記大日本史』によると、船大工の父親が四十歳ほどで病に倒れ、ほどなく死亡した。幼子をかかえた母親は日々の生活にも苦しんだが、きちが七歳となった弘化四年（一八四七）に、新田町に住むせんという老婆の養女となったという。十四歳の安政元年にきちは芸妓となったが、翌年にはせんが死亡したため実家に帰り、芸妓として一家を支えていた。

ただし、一流の芸妓というわけではなく、先の『維新秘史　日米外交の真相』にあったように、船頭を相手の酌婦《しやくふ》だったようで、彼らの衣服の洗濯も生業としていたらしい。

そして、十七歳となった安政四年の五月に〝看護人〟の話を持ち掛けられ、承諾したのである。芸妓が対象とされていたことから、看護人の目的が何であるか、十分に承知してのことだった。

もちろん、奉行所側もそのことを隠してはいない。ハリスのもとへ行くについては、給金のほか、外国人から品物をもらった場合には奉行所に報告し、その指示を受けることといったような、十二カ条にわたる取り決めが交わされていた。そのなかには「経水相滞り、妊娠の模様相心得候えば、その段官吏へ申し入れ御訴え申し上ぐべく候事」（『下田市史』）という、妊娠を想定した項目もある。

また、同書には下田の町年寄と名主が連名で御用所に提出した書面に、「きちと申す女子、生（性）質柔和なるものにて、同人母はもちろん親類に至るまで故障の筋御座なく候に付き……」と、きちが妾になることについて、親・親族までが承知している旨が記されている。

きちたちに決断させたのは、その給金だった。母と姉が連名で提出した、二十五両という支度金の受領書がある。

覚

一、金二十五両也

右は玉泉寺に滞在の異人より、きち支度金として書面の金子相渡り候段申し聞かれ、すなわち金子御渡しなられ、慥《たし》かに請け取り申し候。以上。

巳（安政四年）五月二十四日

きち姉　も　と

同人母　き　わ㊞

町方　御役人衆中

（『下田市史』）

さらに、きちの年俸については「給金の義（儀）は、一ヶ年金百二十両と相定め、もっとも、このたび支度金として金二十五両也御下げ渡し下し置かれ、ありがたき仕合わせに存じ奉り候」（『下田市史』）とあって、月額十両と定められていた。

このときヒュースケンの妾となったふくは支度金が二十両、年俸は九十両で、月額七両二分とされている。

きちが御用所の役人たちにともなわれ、駕籠《かご》で玉泉寺へ向かったのは五月二十二日のことだった。そのときの様子が『町会所日記』に記録されており、役人はきちに、ぜひ今晩は泊まるようにと諭し、暮れ六ッ時ごろに玉泉寺を引き取ったという。

この日から「唐人お吉」の生活が始まるはずだったが、きちはわずか三晩でハリスのもとを追われてしまう。

七月十日の『町会所日記』には、母親のきわと弟の惣五郎の連名による嘆願書が記録されており、その文中に「きち義（儀）そのころ腫れ物できおり、わずかに三夜にて宅養生申し付けられ……」と、きちの体に腫れ物ができていたため、自宅で治療するようにと玉泉寺から帰らされていたことが述べられている。どうやら、五月二十五日の朝を待って自宅に戻されたようだ。

続いて、六月六日には「右は玉泉寺滞在の官吏（ハリス）方へ、部屋召使きちの給分の内」として「金七両」（『実話唐人お吉』）が支給されており、これに対するきわの受領書がある。これが、きちの「三夜」分の給金ということなのだろうか。

ついで、七月十日の『町会所日記』に「坂下町きち、玉泉寺滞在の亜人（アメリカ人）より断わりに付き、願書認《したた》め御泊まり番山口様へさし上げ候事」と、きちが解雇されたことが記録されている。先のきわらによる嘆願書は同日付のもので、解雇を通告されて慌てて記されたもののようだ。

そこには、玉泉寺退去後、きちの腫れ物が全快したので、その旨を御用所に届け出たが、ハリスが病気のためしばらく待つようにと命じられたものの、待っているうちに今度はハリス側より解雇が申し渡されてしまい、生活に困窮しているので、ふたたび雇用して欲しい旨が訴えられている。嘆願書には「異人へ交わり候ては……」とあり、きわや親類は周辺から、これが再雇用のネックとなっていると聞かされていた様子がうかがえる。

しかし、きちの再雇用は実現せず、七月二十四日に「金五両」が「きち給分の内」として支給され、八月二十二日には「きち儀、先達て暇に相成り候に付き右手当として」と、退職金のような形で「金三十両」(『実話唐人お吉』)が支払われた。

以上がハリスとの関わりを示す、きちの同時代史料である。

ハリスは安政四年十月に条約交渉のため念願の出府を果たし、翌年一月に下田へ戻った。そして、三月に長崎から香港へ旅行をすると六月に江戸へ入って、麻布(港区)の善福寺を仮の公使館とした。その後、文久二年(一八六二)四月に帰国の途につくまで、二度と下田の地をふむことはなかった。

『実話唐人お吉』の年表によると、きちは解雇もされずにハリスの側にあり、ハリス出府中の文久元年には「江戸に到り再びハリスに侍りせしも月余にて帰る」としているが、先のように「退職金」まで支払われている以上、そのような事実があったとは考えられない。

さらに、きちに代わって七月から下田に住む為吉の娘・さよが雇われ、支度金が二十両、月給が七両二分とされ、月々の給金の受領書も伝えられているという事実もある。

きちは「三夜」だけの「唐人お吉」だったのだ。腫れ物を嫌って解雇したという以上、ハリスにはきちに対する愛情は生まれなかったのだろう。果たして、ハリスがきちを求めたことがあるのかさえも疑わしい。

きちは、ふたたび酌婦に戻ったという。

明治元年（一八六八）に横浜へ出たとき、きちは許嫁《いいなずけ》の鶴松と再会して結婚し、多少の蓄財ができたため、同四年には二人で下田の大工町に暮らすようになり、同五年の戸籍には「妻　きち　年三十三」（『実話唐人お吉』）とある。天保十二年の誕生であれば、きちはこのとき三十二歳のはずだ。

次いで明治七年の戸籍には、きちの名前の上に「亥十二月離別　親元遠藤もと方へ送る」（『実話唐人お吉』）とあるというが、「親元」の「もと方」であれば、これは姉の「斎藤もと方」の誤りと思われ、「亥」は明治八年の「乙亥」のことなので、のちに書き込まれたものであることがわかる。当時の戸籍は完璧ではなく、このような書き込みは珍しくはない。

鶴松との離別の理由は、きちの大酒にあったという。父親の市兵衛が大酒飲みで、それを受け継いだのか、きちも酒は離せなかったらしい。

明治九年には三島（静岡県）の割烹《かっぽう》店「かねや」で芸妓をつとめ、十一年に下田へ帰って髪結いを業とした。十五年には大工町で「安直楼」という貸座敷業を始めて成功したが、金勘定もできないうえに酒に溺れたため店は傾き、家財を手放して借家に移った。ここでは三味線や踊りを教えていたが、それも飲み代に消えてしまったという。

四十七歳を迎えた明治二十年、きちは一月の雪の夜に発病し、半身不随の身となってしまう。最後に残っていた養母のせんから譲られた新田町の家も売って、下田の北にある吉奈《よしな》温泉で湯治生活を送り、杖《つえ》さえあれば歩けるようになったが、もはや手許に残るものはなくなっていた。知人の好意に頼って生活するだけの、いわば「生ける屍《しかばね》」状態だったという。これが、きちの晩年である。

きちがハリスのもとにいたのは「三夜」でしかなく、その後、きちに代わってさよが雇われた。また、ふくはヒュースケンの愛人となって、江戸にも連れて行かれるほど愛された。きち・ふく・さよ、と、実は「唐人お吉」は三人いたのである。

三人には、「洋妾」という身分、当時としては高額すぎるほどの給金が共通していた。攘夷が全国的な潮流だった当時、洋妾になるということは侮蔑の対象であり、一方で高額の給金は羨望の対象となったはずだ。表面上はどうであれ、一般には汚らわしい存在だったに違いない。

横浜に出たきちが、そのまま下田に帰らずにいれば、あるいは下田で人の妻となり、ひっそりと暮らしていればその記憶は次第に薄れ、やがては過去の人となったことだろう。

ところが、きちはハリスに解雇されてから芸妓に戻り、下田で髪結いの店を出し、貸座敷業を営んだ。女髪結いといえば、その色香も客寄せの方便となり、貸座敷は脂粉が漂う仕事である。どちらも、一般人から見れば〝裏〟の商売だ。

商売が成功すれば、彼らはその資金を洋妾として稼いだものと思い、失敗すれば、それをまた洋妾と結び付けたに違いない。どちらであっても、陰口や中傷は絶えなかったろう。それに対する反論など、聞く耳を持っていない。

時は流れ、明治二十三年（一八九〇）五月二十七日、五十歳のきちは門栗ヶ淵《かどくりがふち》（下田市河内）で稲生沢川《いのうざわ》に身を投じて死んだ。また、死亡したのは二十五日で、二十七日は遺体が引き揚げられた日ともいう。

門栗ヶ淵は下田街道沿いにあり、さらに北上すると、きちがかつて湯治をした吉奈温泉がある。あるいは、きちは人生の最後に吉奈の湯につかりたいと思い、その途中で気力も体力も続かず、身を投げてしまったのかもしれない。

斎藤きち（唐人お吉）の墓（下田市、宝福寺）

つまり、きちは三人分の「唐人お吉」を背負い、人生に疲れ果てて死んでいったのである。

きちの遺体は下田の宝福寺（下田市一丁目）に引き取られて埋葬された。同寺の過去帳によると、きちは当時「貞歓信女」の戒名が授けられ、その横に「宝海院妙満大姉ト改ム」とある。これは日米親善に功ありとして、大正十四年（一九二五）に授けられたものだという。

現在、きちが死亡した門栗ヶ淵は「お吉ヶ淵」と呼ばれ、毎年の命日には「お吉まつり」が開催されている。

なお、十九歳時のきちの写真とされているものがある（カバー写真参照）。しかし、その写真は『幕末・明治の写真』に写真番号「九九」として紹介されているもので、「明治中期」の撮影とされる。この撮影時期が事実であれば、当然、きちの写真ではなかったことになる。

3 関鉄之介の妾・瀧本

――桜田門外の変の関係者として捕らえられ、拷問を受けて死んだ女

関鉄之介は水戸藩士・関新兵衛の長男として文政七年（一八二四）に水戸で生まれ、弘道館に入って文武を学んだ。安政二年（一八五五）三月に家督を相続して与力となり、翌年二月には十石三人扶持を与えられ、郡奉行・金子孫二郎の部下となって郷校の設置や民政・民兵の事務を担当していた。

小事にこだわらない性格で、書史を読み、詞藻《しそう》に優れていたという。また、酒を愛して閑を得ては友人たちと盃を交わし、興が乗ると笛を吹いたが、これも絶妙の域に達していたと伝わる。

家督相続後のことと思われるが、鉄之介は「しばしば江戸へ出る内、よく同志の士と新吉原の谷本楼〈楼主の名は弥介〉で遊んだ」（『桜田義挙録』）という。この「谷本楼」で出会ったのが瀧本だった。『桜田義挙録』によると「彼（鉄之介）は気前といい風采

といい、如法《かたのごとき》の好男子であったので、瀧本という遊女がいたく恋慕し、関もまたにくからず思い染めたが……」とのことだ。

吉原遊廓のガイドブックである『吉原細見』には、見世（店）の屋号と所在地、抱える遊女の名前が網羅されており、嘉永七年（安政元年。一八五四）七月刊行の玉屋山三郎板『新吉原細見記』を見ると、遊廓内の江戸町一丁目にある谷本屋弥助の営む妓楼・谷本屋の遊女のなかに「多㐂本《たきもと》」という名前があった。「見世出居新造附」という格で、揚代は昼夜二分、夜一分とある。

この「多㐂本」が「瀧本」のことで、嘉永六年（一八五三）初秋、同五年初春、同四年初春刊行の玉屋山三郎板『吉原細見』に「多㐂本」や「瀧本」の名前はなく、この安政元年が瀧本の「初見世」、つまりデビューの年だったと思われる。

瀧本は伊予大洲藩士の娘として天保九年（一八三八）に生まれ、本名を伊能《いの》といった。生家が零落したため遊女として吉原に売られたのだという。安政元年には十七歳になっていた。

明治十三年に刊行された『近世佳人伝』（二編二巻上）の「瀧本伝」は、「風姿窈窕《ようちょう》、挙止嫻雅《かんが》、深閨《しんけい》の処女のごとし」（原漢文）と評している。窈窕は「奥ゆかしい」「上品」、嫻雅は「雅やか」「しとやか」の意味だ。

この『近世佳人伝』によると「盛夏」の一夜、鉄之介は仲間の岩谷某と瀧本の客となったが、その深夜に二人で話していると、瀧本が「君等、何事を謀る。酒を飲み楽しまず、胡為《なんす》れぞや」と二人の様子を訝《いぶか》り、「君またあに外夷を悪《にく》む者か」と、攘夷に思いを寄せているためかと尋ねたという。これに頷くと、瀧本はまさに自分の知己に出会ったとして、「今の時に当たりて外夷を愛する者は、すなわち天子の詔を奉ぜざる者なり。（中略）君の不予の色、すなわち妾の悦ぶところなり」と心情を吐露した。

また、明治十四年刊行の『近世名婦百人撰』には、「君（鉄之介）の服（腹）中大望あり、果たして攘夷ならんという。竹内大いに驚き、滝本打ち笑《（ママ）》い、君さほどに驚き給うな、妾《わらわ》においても同志なり、我が身婦女にあらずんば君侶倶《もろとも》に立ち出でんに、女に生まれし悲しきを察し玉（給）えと悲歎のなみだ留めあえず」との会話が紹介されている。

これが安政二年のことであれば、前々年の六月にはペリーが来航し、前年三月には日米和親条約が結ばれたばかりで、一般には「尊王攘夷」は国論というほどに熱を帯びている。とはいえ、一介の遊女が発する言葉とは思えず、鉄之介は「紅唇またかくのごとき後を吐くか」（『近世佳人伝』）と驚き、盃を交わしたという。

この出会い以後、鉄之介はたびたび瀧本のもとへ通い、瀧本も鉄之介を待ちわびていたが、いつのことか谷本屋から姿を消してしまう。『桜田義挙録』が「思わぬ人に思われ、空しく呉女《ごじょ》が恨みをのこして、金屋に蓄わたるの小星となったが……」と伝えるように、何者かが落籍してしまったのである。「金屋」は立派な家、「小星」は妾のことだ。

『近世名婦百人撰』に描かれた瀧本（国立国会図書館所蔵）

その年を確定するため、安政二年・三年・五年・六年・七年（万延元年）までの『吉原細見』『新吉原細見記』を調べたところ、そのすべてに谷本屋の「瀧本」の名前があった。瀧本の落籍が虚偽だったためではなく、別の遊女が「瀧本」の名前を襲名したためだろう。

この点について、文久二年（一八六二）一月の坂下門外の変に連座して、一時期、鉄之助と同獄にあった小山春山《おやましゅんざん》は「（関の）生存中、余が牢へもおりおり文通ありて、骨肉の思いをなせり」と、獄中で鉄之介と交流があったことを語り、そのうえで「吉原谷本楼に、瀧川（本）と云う妓あり。関氏かねて馴れ初めしより、この妓ある人に購《あがな》われ、脱籍して日本橋辺にありしが……」（『桜田義挙録』所収「小山春山の口話」）と語っているので、瀧本が何者かに落籍されたことは事実であったと考えられる。

なお、先の『近世佳人伝』『近世名婦百人撰』ともに、鉄之介のことを「竹内百太郎」と書いている。しかし、この竹内百太郎は元治元年（一八六四）の天狗党の挙兵に加わり、武田耕雲斎らとともに西上し、降伏後の慶応元年（一八六五）二月に敦賀で処刑された水戸郷士である。どうした経緯があったのか、鉄之介と竹内が混同されていたらしい。

鉄之介は正式には妻帯していなかったが、東茨城郡中原（水戸市中原町）の矢矧《やはぎ》庄右衛門の娘・フサを妾とし、安政四年には誠一郎という長男が生まれている。

瀧本との出会いと落籍は、この間にあったのだろう。

安政五年五月、鉄之介は藩より蝦夷地開拓のための視察を命じられ、渡航のために越後の水原《すいばら》へおもむき、滞留が長引いていた九月になって、国許からの報知で、前藩主・徳川斉昭《なりあき》が幕府より「急度慎《きっとつつしみ》」を命じられたことを知る。急度慎とは親族・家臣との面会や文通まで禁じられる、大名にとって切腹にも次ぐ重罰である。

十三代将軍・徳川家定には継嗣がなく、健康にも不安があったため、後継将軍の人選について従来の政治体制を維持しようとする守旧派と、これを改革しようとする革新派が対立していた。

守旧派は将軍の血統を第一に考え、十二代将軍・徳川家慶《いえよし》の従弟で、紀州藩主の徳川慶福《よしとみ》（のちの家茂）を推した。しかし、弘化三年生まれの慶福はまだ十三歳だった。一方、革新派は水戸藩主・徳川斉昭の七男で、御三卿の一家である一橋家の当主・一橋慶喜を推した。二十二歳で、有能との評判が高かった。

守旧派は当然、既得権を握っていた幕臣と譜代大名たちである。対する革新派は、基本的に幕政への参加を認められていなかった御三家・御三卿・親藩と外様大名、それに開明的な幕臣たちで、その一人が斉昭である。この対立に攘夷を主張する朝廷も巻き込まれ、彼らは革新派を推すこととなる。

これに、安政三年に着任したアメリカ総領事のタウンゼント・ハリスが求める、日米修好通商条約締結問題が加わり、政局は混迷していた。幕府は条約締結の勅許を得るため二月に使者を派遣したが、朝廷は勅許を与えないばかりか、後継将軍に慶喜を指名する。しかし、四月に彦根藩主で守旧派の井伊直弼が大老に就任すると、六月には勅許を得ないまま通商条約に調印し、次いで慶福を後継将軍とすることを発表した。そして、無勅許調印を不敬として不時登城した斉昭のほか、尾張藩主の徳川慶勝、福井藩主の松平慶永（春嶽）らの革新派を処分し、さらに革新派を一掃するため「安政の大獄」が断行されることとなる。

斉昭の処罰を知った鉄之介は蝦夷地渡航を取りやめ、九月九日に水原を発して江戸へ急行し、十六日に到着した。そこで八月に朝廷が「戊午《ぼご》の密勅」を水戸藩に下したことを知る。

正式な手続きを経ての勅書ではなかったが、勅書は八月八日に水戸藩へ、十日に幕府へ下された。

その内容は、幕府が勅許なしに日米修好通商条約を調印したことへの呵責と、諸藩の群議による幕政改革を求めるものだったが、本来は幕府のみに下されるべき勅書が、二日早く水戸藩に下されたことの意味は大きい。しかも、水戸藩への勅書には、これを諸藩へ廻達せよとの副書が添えられていた。朝廷は幕府に不信感を抱き、幕府を蔑《ないがし》ろにしたのだ。

この事実を秘匿するため幕府は勅書の返納を求めたが、水戸藩はこれに強く反発した。そして、急進派の水戸藩士は井伊直弼の打倒と尊王攘夷の挙兵を促すため、鉄之介ら四人を福井・鳥取・長州・土佐・宇和島・薩摩の諸藩へ使者として派遣する。これらの藩には水戸藩士と親交のある尊攘派の藩士が多く、彼らに協力を得ようとしたのである。

鉄之介が矢野長九郎とともに江戸を出立したのは十月十日のことだが、この在府中に鉄之介は瀧本と再会していた。

前出の「小山春山の口話」に「間もなくその男が死んだので、しばらく独りで暮らすうち、どうした事でか再び関に邂逅し、旧情を温めてとうとうその妾となっておった」

とあるように、瀧本を落籍した人物はそれから間もなく死亡し、独り身になった瀧本は鉄之介と再会すると、その妾になったのである。

その間の事情はまったく不明だが、『桜田義挙録』は「かくて、関は、この女の兄の、京橋北槙町にいたのを店受《たなう》けとして、同所中橋に、一家をもたせ……」と、瀧本の兄を保証人として北槙町（中央区八重洲二丁目）の借家に住まわせたとする。では、再会したときに瀧本がどこで暮らしていたかというと、同書では触れられていない。

しかし、『近世佳人伝』には「ついに贖《あがの》うて妾となし、小荘を芝浦金杉に卜《ぼく》してこれを貯《たくわ》う」との記述がある。ここでは鉄之介が金杉（港区芝一丁目）に瀧本を住まわせたことになっているのだが、ここが落籍されたときの瀧本の住まいだとすれば、そこから北槙町の借家に移ったということになる。

翌安政六年の二月二十三日、鉄之介は江戸へ戻ってきた。そこで父・新兵衛が一月二十八日に死亡したことを知り、二十五日には水戸へ急いだ。

安政の大獄はすでに始まっており、前年九月には戊午の密勅を受領した水戸藩京都留守居役の鵜飼吉左衛門と、密勅を水戸に運んだ吉左衛門の息子・幸吉が幕府に捕縛され、十二月には公家の家臣や儒者の梅田雲浜らの捕縛者とともに江戸へ送られていた。さらに、鉄之介が帰郷した直後の二月には公家に謹慎等の処分を行い、未曾有の大獄へと発展するのである。

三月になって薩摩藩士・高崎猪太郎が水戸を訪れ、急進派の鉄之介らと会って水戸藩の決起を訴え、薩摩藩有志とともに大老・井伊直弼の暗殺について意見を求めた。しかし、急進派内部にも温度差があり、高崎は目的を果たすことなく水戸を去っている。

一方、幕府は水戸藩への弾圧を開始し、四月下旬には家老の安島帯刀《たてわき》、藩士の茅根伊予之介・鮎沢伊太夫らを評定所に出頭させて糾問した。この幕府による水戸藩の弾圧に対して、五月に入ると水戸藩の士民は抗議のため江戸へ向かい、藩士たちは駒込や向島の藩邸に入ったが、残りは途中の下総の小金（千葉県松戸市）や松戸等に集結し、やがてその数は一万人にも達したという。

この一行のなかに鉄之介の姿もあったようだが、藩邸入りした人名簿に名前がない。おそらく、鉄之介は日本橋北槙町の瀧本のもとへ向かい、そこを拠点として行動していたのだろう。

八月十六日、墨田にある大七楼という店で、鉄之介は自藩士の高橋多一郎・金子孫二郎・野村彝之助《つねのすけ》・木村権之衛門と、薩摩藩士の堀忠左衛門・有村雄助・高崎猪太郎らと面談しており、その日の野村の日記に「挽回の手段を談ず」（『清籟舎日記』）とある。「挽回の手段」とは、いうまでもなく井伊直弼の暗殺計画である。

急進派内部には反対もあったが、強い危機感を抱く彼らにとって、井伊直弼の存在は水戸藩の存亡に関わるものとなっていたのだ。そして、彼らが危惧したように二十七日には幕府は安島帯刀に切腹、茅根伊予之介と鵜飼吉左衛門に死罪、鵜飼幸吉に獄門を命じ、即日執行された。安政の大獄における直接の死者は橋本左内・吉田松陰・頼三樹三郎ら八人だったが、そのうちの四人までが水戸藩士だったのだ。死罪を免れた鮎沢伊太夫には遠島が命じられている。

暗殺には大義名分が必要だ。それには天皇の理解が欠かせない。朝廷工作のため鉄之介が高崎猪太郎とともに京都へ旅立ったのは、九月三日のことである。しかし、計画は不首尾に終わり、十月四日には江戸に戻った。

五日に帰郷した鉄之介はふたたび北郡奉行所に勤務し、計画実行の時を待ったが、水戸藩は藩命によらずに出府することを禁じ、十一月十二日には蟄居《ちっきょ》のうえ四人扶持に削禄されてしまう。これは幕府が水戸藩の急進派の動きを封じるための処分で、高橋多一郎と金子孫二郎も蟄居となり、十六人が閉門とされ、ほかにも左遷させられた。

さらに、十二月十六日に登城した水戸藩主・徳川慶篤に対して、朝旨を楯にして密勅の早期返納を命じたが、すでに密勅はこのような事態を避けるため江戸藩邸から水戸へ移されている。藩内はその是非を巡って協議を重ねたが、返納を認めない士民数百人は水戸街道の最初の宿である長岡宿（東茨城郡茨城町）に集結し、万一の場合に備えた。

幕府からは返納が督促されるが、藩内の意見はまとまらない。時間ばかりが過ぎていた。

鉄之介が江戸へ向かったのは翌年二月十八日のことだった。

すでに薩摩藩との盟約は成立し、決行は二月下旬、有志の出府は二月上旬とされていたが、進展のないままに中旬を迎えていた。この間、藩庁は長岡に屯集する士民の鎮圧をはかり、一方で急進派の高橋多一郎や鉄之介らの捕縛に踏み切ろうとしていたのである。

その情報を入手した高橋は鉄之介に逃走を勧告し、みずからも身を隠した。そして、評定所への出頭が命じられるはずの十八日の朝、鉄之介は江戸へ向かった。水戸街道を避けて笠間から下館（筑西市）へ出て朝食を摂り、古河で一泊してから駕籠を乗り通して二十日の夜に江戸へ着くと、遊客を装って浅草竜泉町（台東区竜泉）の岡田屋という引手茶屋に身を置いている。そして、北槙町の瀧本のもとや吉原大門前の平松という茶屋を訪れるなど、一カ所に腰を落ち着けずにいた。

鉄之介に遅れて水戸を発した高橋多一郎は、上京して朝廷を守護する予定の薩摩藩士を迎えるため京都へ向かい、江戸の薩摩藩邸で襲撃の総指揮をとる金子孫二郎は二十五日に着府し、その他の同志たちも二十九日までには江戸に入ることとなる。

決行を目前にした三月一日、金子の命により同志たちは日本橋西河岸の山崎屋へ集まった。

連絡に不備があったのか、この席に鉄之介の姿はなかったが、ここで決行日が三月三日、上巳《じょうし》の節句のこの日、登城する途中の井伊直弼を桜田門外で襲うことが決定されている。

夕刻になっても鉄之介が現れないため同志の佐藤鉄三郎が北槙町へ向かい、待っていると鉄之介が帰ってきた。最後に江戸へ入った野村彜之助と会っていたらしい。佐藤から話を聞いた鉄之介は山崎屋へ走ると、襲撃の指揮官となることを命じられ、また明二日の薄暮に品川の妓楼・土蔵相模へ集合するようにと告げられた。

佐藤が待っていると、深夜になって鉄之介が広木松之介と森山繁之介をともなって帰宅し、二人に山崎屋での会合の結果を伝えるため瀧本に酒の用意を命じる。

事件後に中追放となり、佐藤寛と名前を改めた佐藤鉄三郎の『佐寛筆記』に「関、婦に命じて酒饌を調せしむ。婦去る」とあり、その間に必要事項を伝えると瀧本が戻ってきた。「時に婦、酒を持ち来たる。談にわかに他に移り、歓飲して止む」と、話題を転じて盃を重ねたという。

しかし、瀧本は鉄之介はじめ、家に出入りする者たちが髷《まげ》を町人風に直し、着流しで刀も差さずにいることに不穏な気配を感じていた。『桜田義挙録』によると、瀧本は酌をしながら「一体どうしたのです。何事か大変でも起こったんですか」と聞くが、もちろん正直な答えが返ってくるはずはない。「きっと何かもち上がったのでしょう」と重ねて聞いても、佐藤が「実はね、関さんと吾輩《わしら》五、六人で、内密の御用を仰せ付けられたのだから、マア、こんな風にもなったのさ、忙《せわ》しくて困るよ」と取り繕うと、瀧本は「そうですか」とつぶやいて、しばらく口を開かなかったという。

翌二日、鉄之介たちは土蔵相模に集まると、今生訣別の宴を催した。また、自分たちと水戸藩とは無関係の行動であることを示すため、届け捨てにする脱藩届けを認《したた》めている。

夜明けごろから降りはじめた季節はずれの雪のなか、彼らは芝の愛宕山に集結し、ついに江戸城桜田門へと向かった。五ッ時（午前八時頃）を知らせる太鼓の音が響くなか、彼らは定められた部署に着いた。

関　鉄之介　岡部三十郎　斎藤　監物　佐野竹之介　黒沢忠三郎
大関和七郎　蓮田市五郎　森　五六郎　山口辰之介　広岡子之次郎
稲田　重蔵　森山繁之介　杉山弥一郎　鯉淵　要人　広木松之介
海後嵯磯之介　増子　金八

以上の水戸藩士と、やはり脱藩して薩摩藩から唯一の参加者となる有村次左衛門を加えた十八人である。

彼らは桜田門へ続く道の両側に控え、井伊直弼の駕籠がくるのを待った。

一時間後の五ッ半時、彼らの前に登城する一行の姿が現れると、その先頭を遮るように森五六郎が進み出て、咎めようとする先供の徒士に斬りつける。その直後、襲撃開始を合図する短銃の音が響き、乱闘が繰り広げられた。

その間に有村次左衛門と広岡子之次郎が駕籠に刀を突き入れたが、合図の短銃の弾丸が下半身に命中し、すでに直弼は致命傷というべき深手を負っていた。これを有村が駕籠から引きずり出し、首級をあげる。有村が何事かを叫び、引き揚げを開始した。わずか数分の出来事だったという。

その場で闘死したのは稲田重蔵のみだった。首級をたずさえた有村次左衛門と広岡子之次郎は辰ノ口に、山口辰之介と鯉淵要人は八代州河岸に至って自刃した。黒沢忠三郎・蓮田市五郎・斎藤監物・佐野竹之介は老中・脇坂安宅の役邸に、大関和七郎・森五六郎・杉山弥一郎・森山繁之介は肥後熊本藩邸に自首している。

負傷した者は自殺、もしくは閣老に自訴するという、事前の定めに従ったものである。鉄之介ほか岡部三十郎・広木松之介・海後嵯磯之介・増子金八は、その場を去った。これも自殺・自訴者以外は京都へ微行することという、事前の定めに従ってのことである。

鉄之介は岡部とともに現場を引き揚げ、翌々五日に中山道を京都へ旅立った。

「小山春山の口話」に「三三（桜田門外の変）一件の時も、この妓（瀧本）の許《もと》にて衣服等を更め、ゆるゆると出立し、上方へ登りし由」(『桜田義挙録』) とあるので、瀧本のもとで旅支度を整えたものと思われる。

その後、鉄之介は近畿・四国方面に足を運んで身を隠したが、安住の地はなく、文久元年七月には水戸藩領へ戻り、袋田（茨城県久慈郡大子町）に隠れ住んだ。しかし、そこへも危機が迫り、ついには越後へと逃れたが、湯沢温泉（新潟県岩船郡関川村）で捕らえられ、水戸で投獄されることとなる。

一方、瀧本は鉄之介が江戸を去って間もなく幕吏に捕らえられ、伝馬町の牢に投じられていた。

牢では鉄之介の行方を尋問されたが、瀧本は何も知らない。鉄之介が口にしたとも思えない。しかし、牢役人はそれを信じることなく、瀧本は笞打ちに次いで石抱きという拷問にかけられた。

石抱きとは、十露盤《そろばん》責めとも呼ばれる拷問で、十露盤板という三角形に切った木を並べた台に正座させ、石が胸部を圧迫しないよう、やや反った形で体を柱につなぎ、太股の上に長さ三尺（約九一センチ）、幅一尺、厚さ三寸（約九センチ）の石を乗せるもので、一枚の石の重さは十二貫（約四五キロ）あった。脛《すね》は十露盤板に食い込み、骨も折れそうな苦痛に襲われる。

『桜田義挙録』には「役人はこの女の口より関の踪跡を知らむものと、吟味が中々厳しい。されど女はここを大事と、どうしても口を開かない」ため、ついに「せめ抜かれた揚げ句、胸と膝に、重い幾枚の石を抱く算盤《そろばん》攻（責）めの苦に堪えずして、哀れむべし鼻口より吐血して、牢死を遂げた」と瀧本の最期を記している。

しかし、拷問は殺害の手段ではなく、あくまでも苦痛を与え、それが反覆されることの恐怖心によって絶望感を与え、自白に追い込む手段だ。殺してしまう拷問は失敗である。おそらく、瀧本は胸と太股に石を乗せられたのではなく、太股に乗せられた石が不安定だったため胸に落ち、それに圧迫されて死亡したのだろう。そうでなければ、口から血を吐くはずがない。拷問死というよりも、拷問中の事故死だったのではないだろうか。

いずれにしても瀧本は死んだ。七月六日のことである。

鉄之介は獄中で瀧本の悲惨な死を知った。

小山春山は鉄之介が瀧本を「不便（憫）に思い、この妓の忌日等を内藤子〈文七郎か〉へ尋ね来たり、書中にて細かに書き遣わし、墓碑にても建て遣わしたしと申せしは、憐れむべきことなりき」（「小山春山の口話」）と、鉄之介が瀧本を憐れみ、その墓碑の建立を願っていたことを伝えている。

瀧本の遺体は縁のある大洲藩へ引き渡され、小塚原（荒川区南千住）の回向院《えこう》に埋葬された。

「関鉄之介妾伊能遺墓」と刻まれた瀧本の墓（荒川区、回向院）

回向院の過去帳には「妓女瀧本、万延元年申年の七月六日牢死、二十三歳、旧吉原谷本楼の娼、本名いの、日本橋北槙町常吉地借り熊二郎方同居、大洲藩へ引き渡さる」（『桜田義挙録』）とあるという。

水戸の赤沼獄にあった鉄之介の身柄は、文久二年四月になって江戸へ送られ、五月十一日に小伝馬町の牢で斬首となった。遺体は瀧本と同じく回向院に埋葬され、のちに水戸の常盤共有墓地に改葬されるが、同院墓地には「関鉄之介遺墓」と刻まれた墓石が現存している。

同じ墓地の一隅には「関鉄之助妾伊能遺墓」と刻まれた瀧本の墓碑もあり、瀧本を顕彰する「烈婦瀧本之碑」が墓碑と並んで建立されたのは、大正十年のことである。

4　児島強介の養母・手塚増子

――坂下門外の変によって捕縛され、獄中死した息子を見送って病死した女

万延元年（一八六〇）三月三日の桜田門外の変に続き、文久二年（一八六二）一月十五日に第二の要人襲撃事件が起こる。坂下門外の変である。

桜田門外の変後、関宿藩主・久世広周《ひろちか》とともに老中となった磐城平藩主・安藤信正は、井伊直弼の開国路線を継承し、朝廷との関係を修復して公武合体を推進するため、仁孝天皇の第八皇女・和宮の十四代将軍・徳川家茂への降嫁を決定する。政略結婚である。

すでに井伊直弼の存命中より皇女の降嫁は計画され、幕府は水面下で朝廷への工作を続け、万延元年四月には降嫁を正式に朝廷へ出願した。同年十月、朝廷は幕府の圧力の前に和宮の降嫁を勅許することになるが、こうした幕府の態度に反幕・尊王攘夷派は強く反発し、水戸藩ではその中心人物である老中・安藤信正の暗殺計画が持ち上がっていた。

七月には水戸藩と長州藩の有志が長州の軍艦・丙辰丸《へいしん》の艦上で丙辰丸条約（成破盟約・水長盟約）を結び、両藩が連携して行動することを約すが、長州藩では文久元年三月に長井雅楽《うた》による「航海遠略策」が藩論とされる。

航海遠略策とは、日本が積極的に航海を行い、通商によって国力を高めて皇威を海外に広め、諸外国を圧倒すべきというもので、「皇威」という言葉を使って朝廷を持ち上げてはいるものの、要するに朝廷に鎖国攘夷を捨てさせようとする事実上の開国論である。

これが長州の藩論となり、同藩士が計画に参加することは困難となってしまうのだった。長州側は計画の延期を求めたが、機を逸することを恐れた水戸側は単独で実行することを決意する。

これに対して、和宮降嫁に反対し、外国人襲撃という攘夷を計画していたのが、儒学者で宇都宮藩士の大橋訥庵《とつあん》（訥菴）である。江戸小梅村（墨田区向島）に思誠塾という私塾を開く訥庵は、義弟で宇都宮の豪商から藩士に取り立てられていた菊池教中とともに計画を進め、文久元年九月に協力を求めるため、水戸藩へ使者を送った。

反幕攘夷派の訥庵は、幕府を混乱させるために外国人襲撃を計画しており、これに水戸藩有志の協力を求めるためである。ところが、水戸側は訥庵と提携しての安藤信正暗殺を提案するのだった。

このとき訥庵が送った使者が児島強介である。

強介は天保八年（一八三七）生まれで、この年に二十五歳となっていた。同じく訥庵は四十六歳、教中は三十四歳だったが、この年齢差を超えた反幕・尊攘という思いが彼らを結び付けていたのである。

強介は下野国宇都宮の秤商・児島四郎左衛門の次男として生まれたが、幼いころより「遊戯を好まず、ただ読書を好み、終日倦色なし」（『下野烈士伝』）ということで、商人となることを嫌い、江戸に出て儒者・山本某を師として学んでいた。しかし、十四歳のときに水戸藩士で水戸学の大家である藤田東湖の詩に感銘を受け、両親の反対を押し切ってその門に入り、尊王攘夷思想を学んだ。東湖が江戸に移ってからは茅根寒緑（伊予之介）に師事し、やがて父親の命により宇都宮へ帰るが、この間に水戸藩士との人脈が築かれた。

その後、十九歳のときにふたたび江戸へ出て国学を平田某に学び、剣術も修めた強介は、商家の子供でありながら、「その服装、態度、あたかも武人の如し」（『下野烈士伝』）だったという。

やがて、強介は求められて、寺町（宇都宮市仲町）の富商・手塚藤兵衛の長女で三歳年下のみつ子（のちに操、操子）の婿となった。万延元年のことだったようだ。

藤兵衛の妻を増子といい、この増子が強介を女婿とすることを望んだのである。

増子は江戸の商人・山崎某の娘で、二歳になった文化十二年（一八一五）に父親と死別すると、母親の生家で暮らしていたが、七歳のときに母親が宇都宮の商人と再婚し、これに従った。増子は強介同様に遊戯よりも読書を好んだが、母親の再婚相手が吝嗇であるうえ学問に理解がないため、家人の就寝後に本を読み、手習いを続け、十歳のころには百人一首を暗誦するほどになり、和歌の道に進むことを志した。

藤兵衛のもとに嫁いでからは歌道のほか、国学や漢籍も独学で学ぶかたわら、家政も疎かにせず、来客が絶えることはなく、増子は丁寧に彼らに対応していた。また、親戚や知人に困難があれば手を差しのべ、貧困に苦しむ人があれば家計を顧みずに助けたという。

増子が強介を女婿とすることを考えたのも、その志行が常人と異なっていたためとされる。増子は諸著で「平田某」に国学の手ほどきを受けたとされているが、国学の「平田」といえば、平田神学と称される復古神道を称える平田篤胤《あつたね》の平田派国学が連想される。そうであれば、平田派国学は水戸学と並ぶ尊王攘夷思想の支柱であり、増子もその感化を受けていたものと思われる。

事実、増子は尊攘思想に理解を深めており、強介の「志行尋常にあらざるを察し、女婿になさんと欲す」（『下野烈士伝』）とされ、強介の異常とも思われる一面を承知のうえで、長女・みつ子の婿にと望んだのだった。

水戸から宇都宮に帰った強介は誰に対しても尊王攘夷を訴え、同意が得られなければ青筋を立てて抗論することから「人皆これを狂人とし、いたく忌み嫌いつれど……」(『阪下義挙録』)と敬遠していた。その「狂人」である強介を迎え入れるということは、増子もまた、尊王攘夷に対して尋常ではない思いを抱いていたことになる。強介に自分の思いを託そうとしていたのだろう。

養子となることについて、強介は手塚の姓を名乗ることを拒んだが、増子はそれを許容した。家業につくことも求めなかった。家業は次女に婿をとって継がせればいい。増子は「君はますます学を研ぎ、行を修め、従来の志をなすべし。余の君に望むは尋常家事の末にあらざるなり」(『下野烈士伝』)と、尊攘家として学び、尊攘家として行動することのみを求めた。その増子の態度に、強介は養子となることを承諾したのだった。

水戸から帰った強介は宇都宮で教中と面談し、安藤信正殺害計画に訥庵の協力を願っていることを伝えた。強介は安藤襲撃に心を動かされていたが、訥庵は時期尚早として却下する。

十月中旬になって、水戸から出府した水戸藩士・平山兵介が訥庵のもとを訪れ、平山と面談した強介は、安藤襲撃の同志を獲得するため関宿へ向かう。しかし、同藩に同調者を得られないまま、十月下旬に江戸へ戻っている。

このころ、朝廷より攘夷の勅許を得て義軍を起こすという訥庵の構想は失敗に終わり、日光輪王寺宮を奉じて挙兵し、義軍を募って攘夷の先鋒になるという計画を見守っていたが、これも同志が不足したために頓挫してしまう。

これによって訥庵は安藤襲撃に転じ、十一月中旬には宇都宮に滞在中の平山兵介を江戸に呼び寄せ、同月下旬には十二月十五日を襲撃の決行日と定めた。平山は江戸や宇都宮、水戸間を周旋に奔走したが、本来であれば同行するはずの強介は病のため歩行困難となり、宇都宮で伏せっているばかりだった。

期日が迫るなか、人員の手配が遅れる水戸側より計画の延期が申し入れられ、決行は登城日の十二月二十八日に変更される。病の癒えた強介は、教中に書簡を託されて二十四日に訥庵を訪ねるが、決行直前になっても水戸側の動きは鈍く、襲撃に参加する同志は七人を数えるのみだった。計画は明春へとふたたび延期されることとなり、彼らは水戸あるいは宇都宮に潜んで新年を迎えることとなる。

年が明けた文久二年一月十二日、訥庵は幕府によって捕縛された。

襲撃計画が漏れたのではない。一橋慶喜を擁して日光山に拠り、諸藩に攘夷の先鋒となって幕政を改革すべきという計画を立てた宇都宮藩士が、訥庵に慶喜への周旋を懇願したため、一月八日に訥庵はかつての門人であり、慶喜に近侍する一橋家の山本繁三郎に計画を伝え、慶喜への取次を依頼した。ところが、計画を聞いて驚いた山本は老中・久世広周に自訴したため、訥庵は町奉行所に連行されてしまったのである。あるいは、思誠塾に出入りしていた幕府の隠密の密告によるものともされる。

翌日には思誠塾の捜索も行われたが、襲撃計画が発覚することはなかった。幕府は計画を知らないまま、一月十五日を迎えるのだった。当然、水戸や宇都宮から入府した襲撃実行者たちは訥庵との接触を断ち、市中に潜伏していたのだろう。

そして一月十五日、実行者たちは坂下門外に安藤信正の登城を待ち構えた。

そこに強介の姿はなかった。宇都宮の教中が一月六日に市中の旅籠・角屋に同志を招き、訣別の宴を催していた。これに強介は同席したものの、間もなく前年からの病が再発してしまい、参加は断念せざるをえなかったのだ。

そのため宇都宮側からの刺客は河野顕三のみであり、あとは水戸側の平山兵介・黒沢五郎・小田彦三郎・高畠総次郎の四人と、江戸で加盟した越後出身の河本杜太郎というわずか六人が、桜田門外の変によって警戒をより厳重にした、安藤信正の一行に斬り込むのである。

まず直訴を装って河本杜太郎が飛び出し、駕籠を狙って短銃を撃った。これを合図に五人が安藤の乗る駕籠を目掛けて突進する。

平山兵介の刀が駕籠を貫き、その切っ先が背中をわずかに傷付けたものの、駕籠を降りた安藤は徒歩で坂下門内に入り、激闘が繰り広げられた現場には、実行者六人の遺体が横たわっていた。

襲撃には実は水戸の河辺左治衛門も加わるはずだったが、当日の現場到着が早過ぎたため同志は誰もおらず、怪しまれないように付近を歩いているあいだに襲撃が行われてしまい、自分一人が生き残ってしまった。痛恨の思いのまま、河辺は桜田門外の長州藩邸におもむき、桂小五郎（のちの木戸孝允）に面会して、実行者たちがそれぞれ携えていた斬奸趣意書を渡し、切腹して果てた。実行者たちが所持していた趣意書は処分されてしまったが、河辺が桂に託したため、その全容が今日に伝わることとなったのである。

強介が事件の関係者として宇都宮の自宅で捕縛されたのは、一月二十八日のことだった。縄を打たれた強介は石橋宿へ送られ、二月十二日に伝馬町の牢に投じられた。

その獄中で強介は『孤囚日記』を記しているが、そこに「就刑はより（ん）どころなき事なれど、疾病にて倒れんは口お（惜）しき事とおもわる」とあるように、病のため安藤襲撃に加われなかったことが、何よりの心残りだった。そして、三月十六日をもって日記は終わっている。獄中の劣悪な環境によって皮膚病を発したともされるが、病気が再発した可能性もある。いずれにしても、筆を執ることができなくなったのだろう。

その報を得た増子は娘のみつ子とともに江戸へおもむき、面会は叶わなかったものの、差し入れを届け、文通によって消息を知ることができた。

強介が計画の実現に向けて郷里を離れるとき、増子は「かねてよりかくあらんとはし（知）りつつも　さすがにう（憂）きは別れなりけり」という「送別」と題する和歌を送り、妻のみつ子も同じく「大君のためと思えば身につらき　きょうのわか（別）れをな（何）といと（厭）うべき」（『下野烈士伝』）と詠んでいる。二人とも覚悟はできているつもりだった。息子が、夫が、天下の大義のために身を捨てようとしているのだ。それを理解し、支えるのが母であり、妻である自分たちの本望だった。

しかし、獄中で病気に苦しむ強介に送った手紙に、増子は「ただただかげ（陰）にてあん（案）じ、わずら（煩）い侍るのみ、何とぞその身を大切に、ふるさとの事かなら（必）ずかならずあん（案）じわずら（煩）う事なかれ。はや（早）く御帰りの節をのみ待ち入りまいらせ候」と記し、みつ子は「この上は御身にてその身の御ようじょう（養生）ねがうのみ、我が身は妻にありながら、かしずきつか（仕）えまつることさえもかな（叶）わぬことのかな（悲）しさよ」（『下野烈士伝』）と思いの丈を伝えている。

小康を得たのか、強介も六月九日付の手紙で「いかように成り行き出牢に相成り、今一度親子一処（緒）にたのしみ候事あるもやせんと存じ奉り候」（『下野烈士伝』）との言葉を連ねていたが、それが叶うことはなかった。捕縛から五カ月後の六月二十五日、強介は獄中で息を引き取った。

増子とみつ子は交代で江戸にとどまっていたようで、みつ子がその訃報を聞いた。訥庵に師事し、強介やその同志たちとも交流のあった宇都宮藩士・県勇記の六月二十六日の日記に、「昨夜、小島《ママ》強介没すと云う」（『県信緝日記』）として、「小塚原回向院に行き、強介を葬ることを商議せしめ、三更帰寓」と続けている。遺体引き取りの許可を得てから、小塚原の回向院へ埋葬する段取りを調えたという意味だろう。

遺体の引き取りは二十八日に許され、その日の『県信緝日記』に「強介妻来たる」と、県のもとをみつ子が訪れたことが記され、さらに「朝、回向院下寺の小塚原に行き、強介妻同道にて強介を葬る」と、みつ子が回向院まで同行し、埋葬に立ち会ったことが記されている。

強介は「毅静居士」との戒名を授けられ、墓碑には「児島艸（草）臣墓」と刻まれている。「草臣」は強介の号だ。

その後、強介の遺骨は分骨され、手塚家の墓地がある清巌寺（宇都宮市大通り）に墓碑が建立された。墓碑の側面に刻まれた名前は「手塚強介」である。これによって初めて、強介はみつ子だけの夫になったのだろう。

みつ子が詠んだ弔歌がある。

何ごともただ天皇《すめらぎ》のみため（御為）ぞと　思えば憂きもう（憂）からざりけり
（『近世女流書道名家史伝』）

みつ子は悲しみを堪えて、夫の大義に殉じた思いを讃え、それによって自分を奮い立たせようとしたが、増子の弔歌には素直に最愛の息子を失った悲しみが詠まれている。

千代までとわが思う子を先だてて　のこるこの身は何をたよらん

（『近世女流書道名家史伝』）

強介とともに投獄されていた訥庵は、七月八日に出牢して江戸の宇都宮藩邸に預けられたが、十二日早朝に病死した。毒殺であったともされる。また、同じく教中も七月二十三日に藩邸預けとなり、やはり八月八日に病死している。

同じ八日、『県信緝日記』に増子の死亡記事がある。

児島草臣（強介）の墓（荒川区、回向院）

奉行所は強介の養父・藤兵衛を呼び出した。どのような用件であったのかは不明だが、増子は夫に代わって出府し、何らかの尋問を受けたとされる。無事に役目を終えて宿に帰ると増子は倒れ、そのまま息を引き取った。

その日の『県信緝日記』に「菊池澹如（教中）没、暴瀉病と云う。児島強介の母もまた病死、同症と云う」とある。「暴瀉病」とはコレラのことで、文久二年時に江戸で流行したときには多くの人々が死亡した。このコレラに増子も罹患していたのだ。

増子が夫に代わって江戸へ出たのは、回向院に眠る強介のもとを訪れるつもりがあったためと思われる。おそらくは数日前に出府し、そこで罹患したのだ。そして、五日以内という潜伏期を経て、最後の役目を果たした瞬間に発症し、生きる執念もないまま息子のもとへと旅立ったのだろう。四十九歳だった。遺体は谷中（台東区谷中）の天王寺に葬られたが、遺髪が清巌寺に納められ、「真誉実山貞義大姉」と号された。

残されたみつ子は、三年後の慶応元年（一八六五）六月五日に二十八歳で病亡し、やはり清巌寺に埋葬されている。戒名を「順誉真随貞教大姉」という。

5　清河八郎の妻・蓮

――反幕攘夷派の夫の身代わりとして捕らえられ、出獄後に急死した女

天保元年（一八三〇）十月十日、庄内田川郡清川村で醸酒・小売業を営む斎藤治兵衛と亀代とのあいだに長男が誕生し、元司と名付けられた。

これが、のちの清河八郎である。

斎藤家は大庄屋格で家業も安定しており、暮らしには余裕があって財産もあった。八郎は幼いころより学問に親しみ、剣術も直真影流を学んで上達したが、両親が望むように家業を継ぐつもりはなく、十八歳を迎えた弘化四年（一八四七）五月に家出をして江戸へ出た。

江戸では神田御玉ヶ池の儒者・東条一堂の塾に入り、いったん帰国すると、両親より三年間の遊学を認められ、嘉永三年（一八五〇）二月には京都へ向かった。さらに九州を遊歴すると同年九月に江戸へ戻り、同四年一月にふたたび東条塾へ入塾する。また、

二月には千葉周作の玄武館に入門して北辰一刀流を学んだ。

嘉永五年二月には幕府の昌平坂学問所（昌平黌）への入所を目指して、学問所儒官でもある安積艮斎《あさかごんさい》塾に移り、閏《うるう》二月には一般に数年の修業が必要とされる北辰一刀流の初目録を許されている。

こうして嘉永六年六月のペリー来航を迎えるのだが、そのとき八郎は江戸にはいなかった。三月に蝦夷地視察を計画し、それを実行に移していたのだった。八郎が松前から箱館へ廻り、津軽海峡を渡ったのは八月下旬のことである。青森から秋田を経て帰郷した八郎は、翌安政元年（一八五四）二月に江戸へ向かった。

このときに八郎は斎藤元司という名前を清河八郎へと改めたようだ。「八郎」の由来は不明だが、「清川」を清河としたのは、「川」の字が「小」に通じるために嫌ったのだという。

江戸へ出た八郎は、三月上旬に安積艮斎の推挙により昌平坂学問所の書生寮に入寮し、その名簿には清川八郎の名前で記録されている。

ところが、その年の十一月に八郎は三河町に開塾し、十二月には「経学　文章指南清河八郎」の看板を掲げた。東条塾で助手を頼まれ、手伝ううちに学問所は退寮となり、共同での開塾を持ち掛けられたからである。しかし、その相手は姿を消してしまい、準備を進めていた八郎は、一人で塾を開くことにしたのだった。

入塾者も順調に増えていたが、十二月二十九日の晩に近所で火事があった。逆風のため類焼の心配はなかったが、いつしか風向きが変わり、八郎の塾は翌朝には全焼してしまう。

翌年一月、八郎は帰国の途についた。

家に帰った八郎は、母・亀代に孝養を尽くすため伊勢参りを兼ねた大旅行を計画した。十八歳のときに家出して以来、母には心配をかけ続けている。いわば、その償いである。

下男を連れ、八郎と亀代は三月二十日に清川村を出発すると、伊勢ばかりではなく、奈良・京都・大坂はもちろん、さらに足を延ばして讃岐・宮島・岩国を経て江戸に立ち寄り、九月十日に清川へ帰った。半年もの旅行である。その間、八郎は『西遊草』という旅日記をつけていた。後日、母親が旅行を振り返ることができるようにとの配慮だった。

しかし、八郎はその母親を裏切ってしまう。

八郎が義兄弟の契りを結んだ安積五郎という人物がいた。日本橋檜物《ひもの》町の占い師の息子で八郎より二歳年下だが、嘉永三年の八郎の西遊中に東条塾に入塾しており、帰塾後から付き合いが始まった。この安積を八郎は帰郷前に立ち寄った江戸で清川村に誘い、道中をともにしていた。

八郎は安積を庄内の名所に案内し、また悪所でも遊んだ。八郎が初めて遊里に足を運んだのは十四歳のときで、十七歳のときには遊女を酒田から呼んだこともあった。よく学んではいたが、一方ではよく遊んでもいたのである。

九月の下旬だろうか、八郎は安積とともに城下八間町の遊里にある鰻屋に登楼した。その日は遊女をあげて遊び、翌日には彼女たちをともなって湯田川温泉へ向かい、羽目をはずして遊んだ。

なかでも、安積が節分の豆まきに見立てて銭を撒くと、遊女たちは争ってそれを拾って大騒ぎとなった。しかし、一人の遊女だけはその騒ぎに加わらず、膝に手を置いて静かに見ていた。高代という遊女である。

その高代に八郎は惹かれた。その姿を、蔓も枝もなく水中に高く清らかに咲く、蓮の花に重ね合わせたのである。

湯田川から帰ってしばらくした十月二日、江戸が大地震に見舞われた。「安政の大地震」だ。

その知らせを聞くと、八郎は安積とともに江戸へ急いだ。西遊の帰途に江戸に立ち寄った八郎は、火災で焼失した三河町の塾に代えて開塾するつもりで、薬研堀に家を買っていた。その様子を知りたかった。幸い家は焼けていなかったが、地震の被害は大きく、被災した人々は塾どころではなく、当面の開塾は断念せざるをえなかった。

翌安政三年一月、八郎は帰郷した。江戸が落ち着くまでは郷里で著述に専念するつもりだった。

帰宅すると、両親は八郎をつなぎとめておくため結婚話を進めた。その結果、庄内藩の支藩である松山藩右筆の娘・政が、「足入れ婚」のかたちで一カ月ほど八郎の世話をしていたが、八郎の江戸での開塾の意思が固いことを知ると、親許に引き取られていった。庄内と江戸はあまりにも遠く、結婚がそのまま娘との生き別れとなってしまうことを恐れたのである。

八郎は高代のことを思った。

しかし、高代は遊女だ。八郎の斎藤家は名家であり、遊女を長男の妻として認めるはずがない。それでも、八郎は思いを断ち切れなかった。

八郎が高代に宛てた手紙がある。

文中に「かねて言いしよう……」とあるので、八郎が高代を妻にしようと決心してから高代に会い、その思いを伝えてからのものである。


かねて言いしよう、そなたさえ浮気ならずば、必ず見捨て申すまじく、（中略）行く先、大事の我が身なれば、楽しむこともあるべきか、また、つらきこともあるべし。とても、あたりまえの心掛けならば、辛抱むずかしかるべく思われ候。

高代の気変わりがなければ、必ず結婚する。自分は大事を控えているので、楽しいこともあるかもしれないが、辛いこともあるはずだ。生半可の思いでは、結婚しても辛抱することは難しいと思われると、八郎は告げる。どちらが結婚を申し込んだのかわからないような文面だ。

これに対する高代の返信と思われる手紙もある。

このたびはありがたき御ふみ、おつかわし下され、身にあまるおん情、おん心づくし、かえすがえすもうれしく存じあげまいらせ候。わが身のこと、おたずねにあずかり候も、今はあらわに申しあげまじく、よき節お目もじ、くわしくお話申しあぐべくまいらせ候。

八郎の自分に対する身に余る温情を感謝し、その喜びを筆にしたものだが、結婚について会って話をしたいと伝えている。そして、文末には「にしきにもあやにもまさることのはを　うれしなみだのかわくまもなく（錦にも綾にも優る言の葉を　嬉し涙の渇く間もなく）」との和歌が添えられていた。

高代の父親は出羽国田川郡熊出村の医師・菅原善右衛門といい、高代は一男五女の末子だった。

生年については天保九年、同十年、同十一年とあって定かではないが、文久元年（一八六一）の八郎の漢詩に「十八我獲るところ　七年使命を供にす」（原漢文『潜中紀事』）とあって、十八歳で八郎の妻となり、以後、七年間仕えたことを物語っている。当然、十八歳の年も「七年」に入るので、逆算すると天保九年の生まれとなる。ほかにも文久元年に年齢を「酉二十四歳」、「二十四」（ともに『文久筆記』）とする記録もあるので、天保九年の誕生が妥当と思われる。

一般に、実家の菅原家は貧しく、口減らしのため高代は十歳で遠縁の家の養女に出されたが、その養家も貧しく、十七歳で遊里に売られたとされている。

しかし、菅原家は熊出村では裕福な部類の家ともされ、当時としては、娘は結婚するか養女となるのが普通だった。菅原家には家督を継ぐ長男もおり、養女に出されるのも不思議ではない。もっとも、養家が貧困にあって娘の不幸が目に見えていれば、養女に出すはずもない。

おそらく、養家は何らかの理由によって突然、没落してしまったのだろう。

養家が困窮していれば、高代が文字を学ぶことも許されず、まして和歌を詠むことなどできるはずがない。八郎への返書や和歌の巧拙は措くとして、養家でもそれなりの教養を身に付けていたことは明らかである。

八郎の高代宛ての手紙や、高代の返信に平仮名が非常に多いのは、平仮名が「女文字」であったからであり、高代の教育レベルが低かったことを意味していない。養女を遊里に売り飛ばすほどの困窮の養家にあって、文字を覚え、ましては和歌を嗜《たしな》むということはありえない。裕福とはいえないまでも、高代は養家でそれなりの教養を身につけていたのである。それが湯田川温泉での態度に表れていたのだった。

安政三年九月、仙台糠倉町に移った八郎は高代を呼び寄せた。すべての根回しは済ませてあり、しばらくして人に送られてきた高代との新生活が始まる。

高代を迎えた八郎は「吾、野妾を遊里より挙ぐ。（中略）名づくるに蓮をもってす」（原漢文『潜中紀事』）と、名前を「蓮」と改めたことを記録しているように、以後、高代は蓮と名乗った。

蓮と八郎の仙台での生活は翌年まで続けられ、四月に江戸へ出ると、八月には駿河台淡路坂に二度目の開塾を行う。

その十一月に八郎が母親に宛てた手紙の一節に、「高代もまずまず間に合い、人々にも悪しく言われぬようなれば、御案じなさるまじく候」とあって、蓮が甲斐甲斐しく八郎に尽くしていた様子がうかがえる。同時にこの手紙からは、郷里の両親も表立って認めることはできないものの、すでに内心では蓮との結婚を許していたことがわかる。

安政六年二月、八郎は帰国がてら剣術修業の旅に出た。江戸へ戻るのは六月のことだが、その間の三月十三日夜、隣家からの出火により、淡路坂の塾は門と建物の一部を除いて焼失してしまった。三度目の被災である。焼け跡は安積五郎が整理し、蓮は元庄内藩の帳場係で、脱藩して江戸に出ていた水野行蔵という人物に預けられた。蓮はこの水野行蔵の名前を一生、忘れることはなかった。

父親と善後策を講じた八郎は江戸へ戻ると、十月には神田御玉ヶ池に新たな塾を開いた。八月に道場を開く資格となる北辰一刀流の中目録を許されていたので、経学・文章・書のほかに剣術の指南も謳った看板が掲げられている。

学問と剣術とにすべてを捧げたような八郎は、安政五年六月に勅許を得ずに日米修好通商条約が締結されて以来、幕府に対する不安は抱いていたようだが、政治的な活動はしていなかった。あと三年ほど必死に学び、文武ともに天下無双の男となることを自分に課していた。

その八郎が変化を見せるのは、万延元年（一八六〇）三月三日の桜田門外の変にあった。もとより八郎にも当時の大勢であった尊王攘夷の思いはあったが、その実現に向けて動き出そうとするのである。幕府は数年のうちに内部崩壊をきたすと思われた。しかし、それを待つのではなく、その機会をみずから生み出せば崩壊は早まるはずだった。

同志は集まり、彼らはそのグループを「虎尾の会」と名付けることとなる。「虎の尾を踏む」といえば、あえて危険を冒す行為を意味し、その一員であった石坂周造は「一足出れば一寸あて首が縮まると云うような危険の会でございます」（『石坂翁小伝』）と述べている。

彼らはその年の十二月五日の夜、赤羽橋接遇所の付近で米国公使通弁官・ヒュースケンを暗殺した。国際問題を起こし、幕府を揺さぶるためである。襲ったのは薩摩の伊牟田尚平・益満《ますみつ》休之助・樋渡八兵衛・神田橋直助ら七人とされるが、幕府は犯人を捕らえることはできず、ヒュースケンの母親に慰謝料として一万ドルを支払うこととなる。

次いで計画されたのは、横浜の外国人居留地の焼き討ちである。焼き討ちの成功後には四方へ檄を飛ばして同志を募り、天皇に奏上して錦旗を奉じて天下に号令し、回天の大業を打ち立てる計画だった。因循な幕府に代わって、天皇の名の下に攘夷を断行しようというのである。

この計画のため、彼らは年が明けた文久元年（一八六一）の二月から五月まで、連日のように八郎の塾で談合を重ねた。実行は同年九月を予定し、それまでは幕府の目を逃れ、一方で同志を獲得するために江戸を離れることとなった。

八郎は五月二十八日に蓮と同志の安積五郎・伊牟田尚平をともなって、郷里の清川村へ向かうつもりだったが、その二十日に事件は起こった。

その日、八郎は両国で開かれる書画会に誘われた。郷里への土産となるような書画骨董があるかもしれず、八郎は安積五郎・村上俊五郎・池田徳太郎・伊牟田尚平・笠井伊織、それに旗本の山岡鉄太郎（鉄舟）と足を運んだ。全員が八郎の同志である。

その帰途、酒を飲んでいた彼らが日本橋の甚左衛門町に差し掛かったときだ。『潜中始末』に「最早夕暮れに及ぶ。路途に一無礼の者ありて、やむをえず斬り棄つる」とあるように、八郎は無礼を働いた人物を殺害してしまう。

この人物は町奉行所の関係者だった。実は前日の十九日、八郎ら八人に対して幕府より奉行所へ捕縛命令が出されていた。既に幕府は彼らの不穏な動きに気付き、危険分子と見なしていたのである。そのため「無礼の者」を装って、彼らを捕縛するきっかけをつかもうとしていたのだった。

彼らは現場を走り去って塾に帰り、翌日には八郎と安積五郎・村上俊五郎・伊牟田尚平の四人は江戸から姿を消した。塾には池田徳太郎・笠井伊織と八郎の実弟である斎藤熊三郎が残り、蓮は以前の火災のときのように水野行蔵のもとへ預けられている。

二十数人の捕り方が塾を襲い、池田徳太郎らを捕縛したのは二十三日のことだ。同じ日、蓮も捕らえられた。

八郎の逃亡と、蓮の捕縛については、次のような六月十五日付の記録がある。

神田於玉ヶ池港川隣角
酒井左衛門尉元家来　浪人

儒者　清川（ママ）八郎

剣術は千葉の門人、酒狂の上、切り殺し逃げ去り候。ただし、川越辺へ逃げ去り候由に付き、公儀より討手差し向けられ候よし。

右八郎弟　清川熊三郎　二十五

八郎女房　れん　二十四

右は酒井左衛門尉元家来故、屋敷より手勢をもって討手差し向け候ところに、八郎は逃げ去り行衛（方）知れず、妻・弟は二十三日召し捕り、町奉行へ引き渡し、同夜仮牢入り、翌二十四日揚屋入り。

（『藤岡屋日記』）

「清川熊三郎」は斎藤熊三郎のことだ。

蓮と熊三郎は捕縛後に奉行所へ送られ、翌二十四日に小伝馬町の揚屋《あがりや》に投じられる。未決囚を収容するのが揚屋だが、女の蓮は女牢である西揚屋に投じられた。

ほかに、北有馬太郎・西川錬造・石坂周造らの同志も捕らえられたが、石坂は揚屋がどのようなものであるかを回想している。女牢でも同様である。

私は東の口揚屋と云うのに押し籠められました。這入《はい》って見ると真ッ闇（暗）で何も分からぬ。それから裸体にされて極め板と云うもので背中をドンドンと打たれて、そうして生命の蔓《つる》をいくら持って来たと言われたが、生命の蔓と云うことは知りませぬ。その生命の蔓と云うのは金のことで、その用意がございませぬから大いに打着に預かって、（中略）夜の明けるまで着物を剝がされて、そうして一夜裸体でその揚屋に置かれるのでございます。（『石坂翁小伝』）

また、揚屋には多くの蚊がいるのだが、「と云って、その蚊を殺すと云うことはならないと云う牢内の規則でございます。いかにも残酷な話、自分の身体へ蚊が付いて、その蚊を手で打つことがならぬと云う苛酷な規則がある」（『石坂翁小伝』）ということも伝えている。

池田徳太郎によれば、牢内では飲食・衣類・進退・座臥・夜番のほかにも細々とした牢法があり、金子のあるなし、その額によって階級が定められるため、少しでも多い者は露命を凌ぐことができるが、牢内の環境が悪いため、十人が入牢すれば、四、五年のうちに七、八人は死亡してしまうとのことである。

これが蓮を待ち受けていた境遇である。

蓮は「蔓」を持っていなかった。そのようなものが必要であることも知らなかった。

六月十六日付で水野行蔵に宛てた手紙に、「私事も入牢いたし候節も、ご牢内へお土産もち参らず、とうわく（当惑）いたしおり候ところ……」とあり、間もなく池田徳太郎からいくらかが用立てられ、「徳太郎様よりいろいろご心配下され、そのおかげ様にて牢内も少々はらく（楽）にも相成り、今日までもしのぎおり候えども……」と報じている。

しかし、それも尽きようとしているのだろう。手紙には「牢内は金子なければ、楽もでき申さず候間、金子御無心申しあげたく、（中略）実に実に○印（金子）なければなんじゅう（難渋）に存じ候間、金子お遣わし下され候よう願い上げ参らせ候」と続けられている。

取り調べでは八郎の行方を問われたが、知らないものは知らない。

蓮はいわば、八郎の身代わりである。八郎さえ捕らえられれば、蓮の拘留は必要ない。町預けにでもして、いずれ釈放すればいいのだ。しかし、八郎が捕らえられない限り、蓮が自由の身となることはないのだ。

苛酷な揚屋生活だった。ともに捕らえられた北有馬は九月に、笠井は十月に、西川は十二月に、それぞれ牢死する。

蓮の体も蝕まれつつあり、九月七日付の水野宛の手紙には十両の無心とともに、「からだが悪しく御座候て、まことにまことに困り入り候」と記されている。

翌文久二年の四月以降、全国的に麻疹が流行し、牢内の蓮も罹患した。疲弊しきった体に、麻疹による発熱が襲い、さらに体力を奪われてしまう。さすがに、このまま死なせるのは不憫と思い、幕府は庄内藩に回復するまで蓮を預かるように命じた。

閏八月六日、蓮は庄内藩差し向けの駕籠に乗せられて下谷の藩邸に運ばれ、邸内の獄に収容されたが、翌日の午前六時に息を引き取った。あまりの急死に、毒殺との噂が流れたほどだ。

遺体は浅草山谷の東禅寺に仮埋葬され、水野行蔵と親戚関係にあった庄内藩給人の伊藤小介が清川村の斎藤家へ通知している。斎藤家では十月に主人の弟と蓮の母親を出府させ、東禅寺で改めて弔った。

八郎が蓮の死を知ったのは九月二十日のことだ。仙台北方の川渡《かわたび》温泉より実家に使いを出したところ、父親に託された返信によって蓮の最期が報じられたのである。

翌日、八郎は父親と母親それぞれに宛てた手紙を書いた。内容はどちらも同趣旨だが、やはり母親に宛てたものは文章が柔らかい。次のようである。

おれん（蓮）事、まことにかな（悲）しき、あわ（哀）れのこといたし、ざんねん（残念）かぎりなく候。（中略）くりごとにも、世のひょうばん（評判）よろしく、ほめられ候ゆえ、まずはあんど（安堵）いたし、なにとぞなにとぞ、私の本妻とおぼしめし、朝夕のえこう（回向）御たむ（手向）け、子供とひと（等）しく御思し召し下されたく、くれごとにもねがい上げ申し候。私ひそかに、

清林院貞栄香花信女

とおく（贈）り名いたし候ゆえ、くりごとにも私の本妻同前（然）におぼしめし、御たむけのほど、ひとえにねが（願）い上げもうし候。まことにひょうばん（評判）よろしく、たといは（果）ててもうれ（嬉）しく候えども、う（憂）きめ（目）にて死にしことかな（悲）しく、かぎりなく候。

父親宛の手紙の末尾には、蓮を詠んだ「艶女《たおやめ》がゆくえもしらぬ旅なれど　たのむかいありますらおの連れ」という和歌が添えられていた。「連れ」は蓮の名前を詠み込んだのだろう。

後述するように、八郎は大赦によって罪を許され、その後、幕府を利用して浪士組を結成させて上京するが、帰府後に横浜外国人居留地の襲撃計画が発覚し、文久三年四月十三日に麻布一ノ橋で暗殺される。八郎の首は機転を利かせた石坂周造が持ち帰り、山岡鉄太郎に託すと、山岡はこれを庭先に埋めた。そして、慶応二年（一八六六）になって掘り起こし、小石川の伝通院の墓地に八郎の墓碑と、その隣に「貞女阿蓮墓」と刻んだ蓮の墓碑を建立している。

また、八郎の郷里にある斎藤家菩提寺の歓喜寺にある墓碑は、明治四年に弟の斎藤熊三郎が伝通院の頭骨を掘り出して改葬したものである。その隣には伝通院と同じく、蓮の墓碑があり、碑面には八郎が贈り名とした「清林院貞栄香花信女」の文字が刻まれている。

清河八郎と蓮の墓（文京区、伝通院）

6　岩亀楼の遊女・喜遊
――「ラシャメン」になることを拒絶して自殺した女

『横浜開港五十年史』に「同年（安政六年・一八五九）四月、神奈川駅鈴木屋某の出願に対し、太田屋新田沼地の内八千坪（注略）を貸与し遊廓設置を許し……」との記述があるが、これがのちの横浜港崎《みよざき》遊廓の始まりで、現在の横浜公園がその跡地である。

遊廓は十一月には開業し、遊女屋が十五軒、遊女は三百人を数えたという。

そのうちの一軒に岩亀楼《がんきろう》があった。

『桜田義挙録』に「神奈川在、戸部村の代官小林藤之介の秘聞に」として「井伊大老を害せし水戸浪士、江戸を脱して神奈川に来たり、岩亀に遊べりとの取り沙汰あり。盗賊火付改役黒沢正助、組同心の注進にて岩亀を検査す云々」とされる妓楼である。

その主人は品川で飯盛女を置いた旅籠屋を経営していた岩槻屋佐吉といい、のちに苗字を許されて佐藤佐吉と名乗った。

幕府は外国人専用の遊女を岩亀楼に託したため、楼内は日本人用と外国人用との専用建物があり、外国人専用の遊女は「ラシャメン」（羅紗緬・綿羊娘）と呼ばれ、日本人の客を相手にすることはなかった。

その岩亀楼の遊女とされるのが喜遊である。

しかし、喜遊についてはすべてが謎に包まれている。

最も古いと思われる「喜遊伝」は、明治九年に刊行された松村春輔の『開明小説春雨文庫』のようだが、そこには喜遊の父親は江戸の町医者・太田正庵とあり、同十二年の『近世佳人伝』は喜遊の本名を智恵としている。

ところが、父親については、職業は同じ江戸の町医者だが、名前を箕作《みつくり》周庵とするものもあれば、間宮姓の旗本とするものもある。喜遊の本名についても間宮春枝、箕作喜佐子あるいは箕作喜佐ともされている。

さらに、生年についても弘化元年（一八四四）とするものもあれば、弘化三年とするものもあるが、触れていないものも多い。

そうした様々な著作のなかで、明治三十二年に刊行された『温古見聞彙《い》纂《さん》』中の「喜遊の伝」で編者の平林九兵衛は、同郷であったことから岩槻屋佐吉と懇意となり、「同家の別荘などにて酒宴の節、この婦妁（酌）に出でたることたびたびなり」と記している。この「婦」こそ喜遊である。そして、「容貌は美麗なれども、どこか憂いの相ありと覚えたり」と回顧している。

つまり、平林は佐吉と懇意であり、喜遊にも会っていたのだ。そのため「喜遊の伝」の末尾には「この喜遊の譚はいろいろの書に出でたれど、編者そのころ岩亀楼の主人に直接に聞きたるままを記したり」との一節がある。これを信じれば、「喜遊の伝」こそ、最も事実に即しているものということになる。そこには次のように記されていた。

喜遊の家は貧しく、負債を抱えていたため、嘉永六年（一八五三）に八歳になった喜遊を吉原の妓楼・甲子屋《きのえねや》へ売って借財を整理したが、その翌年には両親とも病死してしまった。喜遊は甲子屋を親とも主人とも思って育ち、主人も諸芸を身につけさせ、十五歳となった万延元年（一八六〇）に「子《ね》の日《ひ》」の源氏名で初めて座敷へ出した。

喜遊は貧しくとも医師の娘だったため行儀も備わり、義気に富んでいたので甲子屋に尽くし、客を粗略に扱うこともなかった。ところが甲子屋の内情は厳しく、品川の岩槻屋佐吉のもとへ売られたが、前述のように安政六年に岩亀楼が竣工し、喜遊は岩槻屋から岩亀楼へと移される。

このとき喜遊は、岩亀楼に外国人が出入りし、彼らと床をともにするようになることを嫌って拒んだ。しかし、佐吉が外国人の相手をさせることはしないと固く約束したため、嫌々ながらも岩亀楼で働くこととなった。喜遊と名乗ったのは、このときのことである。

美人の喜遊は大評判となって客の絶える間もなく、肩を並べる遊女はいないほどだった。

文久二年（一八六二）になると、あるアメリカ人の商人が岩亀楼に姿を見せた。「喜遊の伝」は名前を「伊留宇須」としているので、イルウスあるいはイルース、またはイリュースと読むことができる。この点、他書にはフランス人のアポネが、アメリカ人のアボットと名乗ったともされているが、要するに外国人の客がいたのだ。ここでは素直にイルウスとしておこう。

喜遊に惹かれたイルウスは頻繁に岩亀楼へ足を運び、大金を使って喜遊を座敷へ呼ぼうとした。佐吉は喜遊との約束はあったものの、上客を逃さないように何とか申し含め

「岩亀楼」の文字が刻まれた石灯籠（横浜市、横浜公園内日本庭園）

ようとしたが、喜遊は承知しなかった。そこで佐吉は、イルウスには病気と偽って喜遊を座敷には出さなかったが、登楼するたびに大金を使う客を手放す気にもなれず、ある日、イルウスが今夜にも喜遊を呼べば、さらに大金を払うと迫ったため佐吉は決心した。

佐吉は横浜では外国人に憎まれては商売ができず、いずれ閉店に追い込まれてしまい、そのつもりはまったくないのだと喜遊に明かした。そのうち別の遊女に目が移るかと思ったが、イルウスには喜遊を病気だと偽っていれば、そのうち別の遊女に目が移るかと思ったが、喜遊を出さずに大金を使わせる計略なのか、それならば日本の役人に訴えてやると怒っており、自分を助けると思って一度だけでも座敷に出てくれるよう喜遊に頼んだが、やはり応じなかった。

そこで佐吉は、喜遊と仲のいい遊女に褒美と引き替えに説得を依頼し、ついに喜遊は佐吉のもとへおもむいた。そして、外国人の客をとることは固く拒んできたが、それでは岩亀楼が立ち行かなくなると聞き、イルウスの座敷に出ることを承知するのだった。

佐吉は喜遊を拝むほどに喜び、イルウスにこれを報じた。イルウスはその夜、いつもより早く登楼して喜遊を待ったが、いつまで経っても喜遊は出てこない。あまりに遅いので店の者が喜遊の部屋を訪れると、部屋には屏風が立てられ、物音もしない。そこで屏風の内側をのぞくと、喜遊は懐剣で喉を貫き、血に染まって倒れていたのである。

傍らに一通の遺書があったという。

世に苦界に浮き沈みするもの幾千万人と限りも候わず。我が身も勤する習いとて、父母の許し給わぬ仇人《あだびと》に肌ゆるすさえ口惜しけれど、ただただご主人の御恩を顧み、ふたつには身の薄命とあきらめ侍りしが、その基ははかなき黄金というもののあるが故ならぬ。この金は遊女の身を切る刃に候まま、その刃の苦界を離れ、弥陀の利剣に帰しまいらせたく、主人に辞して亡き双親に仕え参らせ候えば、黄金の光をも何かせん。おそろしく思ううらみの夢覚めよかしと、誠の道を急ぎ候まま、無念の歯がみを露《あら》わせし。

文末には「我が死骸を今宵の客に見せ下されかかる卑しき浮かれ女《め》さえ、日の本の志はかくのごとくぞと知らしめ給わるべく候」とある。喜遊ならではの〝攘夷〟というところだろう。

この遺書は「喜遊の伝」に紹介されているが、それ以前に刊行されていた松本春輔の『開明小説春雨文庫』中の遺書と一字が違うのみである。おそらくは編者の平林九兵衛が『開明小説春雨文庫』より引用したのだろう。その理由は、平林が喜遊の遺書を見ることができなかったためであり、文字どおり小説である『開明小説春雨文庫』の遺書は、松本によって創作されたものなのかもしれない。

喜遊の死亡年月日については、『桜田義挙録』は万延元年（一八六〇）七月十七日、『幕末開港綿羊娘情史』は文久元年（一八六一）十一月二十三日とするが、「喜遊の伝」によればイルウスが岩亀楼に通うようになった、文久二年以降でなければならない。『岩亀楼烈女喜遊』は文久三年十月十日としているが、その根拠は不明である。根拠を明示しているのは昭和七年に刊行された『横浜市史稿』のみのようで、その口絵には鮮明とはいえないが、「佐藤甚太郎氏所蔵」として「喜遊の名を載せた過去帳」の写真を掲載している。

キャプションには「岩亀楼所伝のもので、本図は二つに拡げた体である」とあり、サイズは縦が一三・二センチ、横が一二・六センチであり、横の辺を二つ折りにして使用されていた。広げた中央上部には横書きで「二十六日」と日付が大書され、中央には「建部大明神」とある。

一日から三十日まで同様の用紙があり、年次や月次にかかわらず、その日に死んだ者を記録したようだ。

そこには「俗名　喜遊　文久二年八月」とある。

嘉永六年に八歳とされる喜遊の誕生年は弘化三年であり、十七歳を迎えた文久二年八月二十六日にみずから命を絶ったことになる。

喜遊の遺体の埋葬先は現在の横浜市南区にある常清寺とも、同市神奈川区の本覚寺ともされるが、どちらの寺院にも墓碑はなく、過去帳にもそれらしい人物の埋葬記録はない。

遺書には辞世の和歌が添えられていたという。

露をだにいとう倭《やまと》の女郎花《おみなえし》　ふ（降）るあめりかに袖はぬらさじ

露さえも嫌う女郎花は雨にも袖を濡らさない、というものだが、もちろん女郎花は喜遊で、外国人であるアメリカ人に触れさせはしない、という意味になる。

『近世名婦百人撰』に描かれた喜遊（国立国会図書館所蔵）

しかし、これは喜遊が詠んだものではない。
実は『嘉永明治年間録』の安政六年の巻に「江戸新吉原の娼妓桜木、墨夷某を斥けて詠めるの歌一首」との項があり、次のように記されている。

桜木は江戸新吉原の娼婦なり。是年八月、墨夷某これを聘《へい》す。桜木斥けて応ぜず、夷望みを欠く。しかして執政某に語る。執政某、夷意を重んじ、意をその主に属す。桜木固く聴かず、国風を咏（詠）じてその意を述ぶ。

露をだにいとうやまとの女郎花ふるあめりかに袖はぬらさじ

桜木という遊女を見初めたアメリカ人が座敷へ呼んだが、桜木は応じなかった。そのためアメリカ人は幕閣に訴えて妓楼の主人を動かしたが、それでも桜木は固く断り、この和歌を詠んだのだという。

これによって喜遊の存在そのものが疑われ、文久二年一月の坂下門外の変への関与で捕縛された、宇都宮の儒者・大橋訥庵が創り出したもの、あるいはその門人・椋木京太郎によるものともされている。遊女でさえこうした心意気を持っているのだと、攘夷の志士たちの士気を煽ったというのである。
『温古見聞彙纂』の記述をまったくの虚偽としてしまえば前提は崩れるが、そうでなければ、外国人に肌を許すことを拒み続けた喜遊は自死し、攘夷を是とする世論はいつしか桜木の和歌を、より悲惨な最期を遂げた喜遊に仮託したのではないだろうか。

喜遊は和歌を詠まなかったが、その思いを胸に喉を突いたのである。

7 井伊直弼の妾・村山可寿江

――生き晒しにされたうえ息子の命を奪われ、絶望のなかで最期を迎えた女

村山可寿江《かずえ》は「村山たか」という名前でも知られているが、この「たか」は前名である。

可寿江は文化七年（一八一〇）、近江国彦根に近い犬上郡多賀村にある多賀神社般若院の僧侶と、彦根の芸妓のあいだに生まれたという。その後、多賀神社の神官あるいは寺侍の村山氏に預けられ、幼少期を過ごしたとされる。または、糺某の娘で般若院の親戚であったことから、同社に身を置いていたことがあったともされる。いずれにしても、多賀神社にかかわりがあったようだが、その前半生は判然としていない。

歌舞に通じ、美貌の持ち主でもあった可寿江には、五十三歳を迎えた文久二年（一八六二）に「色の白い、小柄で面長な、若い時はさぞかしと思わるるほどな美しい婆でありました」（『村山可寿母子捕梟ノ事』）との回顧があるほどだ。

十九歳の文政十一年（一八二八）のころに第十四代彦根藩主・井伊直亮《なおあき》の侍妾となるが、二十歳で暇を出されて、京都で芸妓となった。そのときの源氏名が可寿江だったというが、判然としていない。

可寿江は評判の芸妓だったが、金閣寺の僧侶の子供を身籠もると寺侍・多田源左衛門に譲り渡されたが、その子供を産むと離縁された。子供は常太郎と名付けられたが、これがのちの多田帯刀《たてわき》である。

帯刀を抱えた可寿江は天保十年（一八三九）に多賀神社へ戻ったが、このとき三十歳になっていた。

ほどなく、可寿江は井伊直弼のもとへ出入りするようになる。

直弼は第十三代彦根藩・井伊直中の十四男で、当時は二十五歳だった。

井伊家では嫡男以外は他家や家臣の養子となるのが通例であり、直弼の兄たちはいずれも家を出ていたが、直弼は父・直中が死亡した十七歳の天保二年より、三百俵の宛行《あてがい》扶持《ぶち》を与えられ、尾末町にある「北の御屋敷」に暮らしていた。屋敷とはいっても質素なもので、部屋数も少なく、中級の藩士の家と同規模だった。藩主の子としての待遇が、部屋住の「厄介」へと転じたのである。

この屋敷を直弼は「埋木舎《うもれぎのや》」と名付けた。埋もれ木とは、世間から見捨てられ、顧みる者もない境遇をたとえた言葉で、まさに直弼の心境そのものだった。それでも直弼は国学や儒学、和歌や書のほか、武芸一般を一心に学んでいたのだが、そこへ可寿江が現れたのである。

いつしか直弼と深い仲になった。

しかし、二年ほどで別れ、可寿江はふたたび多賀神社へ戻った。直弼が側室を迎えることになったためのようだ。正式な側室がいるのであれば、可寿江のような存在はあってはならない。まして、可寿江は直亮の侍妾だった。その事実が洩れることも避けなければならないのだ。

直弼の天保十三年ものと推定される、四月二十九日付の老臣・犬塚外記《げき》に宛てた書簡に「婦人にも当方におり候ようなることこれあり候ては重々宜しからず……」との一節があるが、これは可寿江を自分から遠ざけねばならないことを訴えたものである。直弼にとって、可寿江はそのような存在とされたのだった。

可寿江が多賀神社に参詣した長野主膳と出会ったのは、その年のことのようだ。

この長野主膳の前半生も明らかではないが、年齢は可寿江より五歳年下で、直弼と同じ文化十二年の生まれである。

どこで、誰に学んだものか、和歌・国学に関する知識は一流のものだった。いわば漂泊の国学者であり、天保十二年に近江の坂田郡市場村の医師のもとを訪れ、近郷の人々を集めて国学を講じるようになり、翌年には同郡志賀谷村に移って私塾・高尚館を開いていた。

主膳の名声は高く、その教えを乞うため直弼は主膳を埋木舎へ招いたほどである。天保十三年十一月のことで、以後、直弼は主膳に師事することとなる。

一般に可寿江は主膳の妾とされるのだが、果たしてそれが事実であったのかどうか、判然としていない。

少なくとも近江時代の二人の関係は、天保十二年から安政六年（一八五九）までの門人の名前が記される、主膳の『授業門人姓名録』中、弘化四年（一八四七）の「近江国」の項に「坂田郡　長沢御坊内　八月二十八日　多田常太郎母　藤原たか」とあることが確認されるばかりである。

この「たか」が可寿江であり、「長沢御坊内」とは長沢村の福田寺のことで、可寿江は母子でそこに暮らしていた。福田寺の当時の住職・本寛は直弼の従兄弟で、二人には親交があり、『授業門人姓名録』には弘化元年四月に本寛は「摂専」の名前で門人として記録されている。

福田寺での居住には直弼のはからいがあったものと思われ、そうであれば直弼と可寿江には、まだ何らかの接点が残されていたことになる。

可寿江が主膳の門人となる前年の弘化三年、藩主・直亮の養嗣子が死亡し、直弼は江戸へ出て直亮の世子となった。それから四年後の嘉永三年（一八五〇）に今度は直亮が死亡し、直弼は三十六歳で彦根藩主となる。

嘉永四年八月四日付で直弼が主膳に宛てた書簡に、「極密内々尋ね候」として可寿江の消息を尋ね、「ひたすら後悔いたし候えども、かえらざる事、ややともすれば難義（儀）にもかかり、汚名にもなり申すべく……」とその関係を悔い、藩主となった自分に「何事を申し出で候もはかりがたく、左様の事ありては内外の障りにもなり候」と案じ、可寿江との過去の清算に心を砕いている。

その翌年の四月、主膳は二十人扶持で彦根藩に召し抱えられる。名目は藩校・弘道館の国学方の充実にあったが、その背後には主膳が可寿江の問題を処理した功労も含まれていたのかもしれない。

以後、可寿江の影は消える。おそらく、近江より京都に移住したのだろう。

嘉永六年にはペリーが来航し、「幕末」という時代が幕を開ける。

そして、直弼は安政五年四月に大老となると、将軍・徳川家定の後継問題では、みずからが推す紀州藩主・徳川家茂を指名し、六月には勅許が得られないまま日米修好通商条約に調印すると、八月に水戸藩へ下された「戊午の密勅」を機に安政の大獄を行った。

その対象は、死罪となった梅田雲浜・橋本左内・吉田松陰らのほか、将軍後継問題で一橋慶喜を推した藩主や幕臣、反幕攘夷派の公家にまで及んでいた。親の罪に連座して三歳の子供に遠島が、四歳と二歳の兄弟に中追放が命じられるという苛酷なものだった。

このとき京都で暗躍していたのが、主膳や九条家の家士・島田左近らである。これに可寿江も加わっていたとされるのだが、女の身でどれほどのことができただろうか。探索などできたとは思えないので、あるいは主膳と島田らのあいだで交わされる手紙を運ぶなどしたのだろうか。

万延元年（一八六〇）三月三日、桜田門外の変によって直弼は殺害され、弾圧されていた反幕攘夷派が復活する。彼らは文久二年（一八六二）一月に坂下門外の変を引き起こし、京都では同年七月より「天誅《てんちゅう》」という名の個人テロが続発することとなる。天誅の最初の犠牲者は島田左近だった。

七月二十日、鴨川の四条河原に晒された島田の首には罪状書が付せられており、そこには島田について「大逆賊長野主膳へ同腹いたし奸計相巧《たくら》み、天地の容れざるべき大奸賊なり。これにより天誅（を）加え、梟首《きょうしゅ》せしもの也」（『官武通紀』）とあった。安政の大獄への復讐である。

当然、主膳も天誅の対象とされたはずだが、命を奪ったのは彦根藩だった。

皇女・和宮の家茂への降嫁は、悪化した朝廷との融和をはかるため、安政の大獄の裡で直弼が進めていた政策だが、これが万延元年八月に内勅が得られ、文久二年二月には降嫁が実現した。その五月に主膳は論功行賞として百石が加増されたが、藩情が一変し、八月二十四日には未決囚を収容する揚屋入りを命じられ、わずか三日後に斬首となった。

「姦（奸）計をもって重役の者へ取り入り、政道取り乱し、国害を醸し、人気を動揺致させ候挙動言語同（道）断、不届き至極の重罪……」（『井伊家史料』）というのが罪状である。

閏八月二十二日にはやはり九条家の家士・宇郷玄蕃頭が殺され、松原河原に梟首された。罪状書に「この者、島田同腹にて……」（『東西評林』）とあるように、島田左近と同罪と見なされたのだ。また、島田の手足となって動いていた目明かしの「猿《ましら》の文吉」も、その八日後に殺害される。さらに、九月二十三日には江戸へ向かう途中の京都町奉行所の与力・同心四人が石部宿で襲われると、三人の首が粟田口の刑場近くに晒され、その罪状書にも「長野主膳、島田左近の大逆謀に与《くみ》し……」（『山寺源大夫雑記』）とあった。

ほかにも天誅は行われていたが、反幕過激派は確実にかつての主膳一派を標的としていたのである。

そして、彼らが次の標的としたのが可寿江だった。

十一月十四日の夜、彼らは行動を起こした。

可寿江を襲ったのは土佐と長州の藩士で、これに加わった土佐の依岡権吉による『村山可寿母子捕梟ノ事』という談話筆記がある。それによると、中島文吉という京都の同志が可寿江母子の住み家を探知し、「一つ踏み込んで天誅を加えようではないか」と持ち掛けてきたのだという。

そこで、十一月十三日の晩に北野天満宮の境内に両藩から十数人が集まると、翌日の決行を約束し、当日の夜になってから中島の案内で可寿江の家へ向かった。行き先は島原遊郭と西本願寺のあいだの一貫町通りにあった吉田町だ。

それと皆踏み込みますと、汚い部屋に四十五、六とも見ゆる一人の老婆が寝ていた。襟髪を摑んで声を立てると命がないぞと威し、家の外まで引き出しました。これほど大勢で行ったのでありますから、隣でも知ってはおりましょうが、後難を恐れて誰も出て見るものはない。この婆が可寿江であったのであります。（中略）格別、周章した様も見えないが、さすがに（可寿江の）身体は顫《ふる》えておった。

（『村山可寿母子捕梟ノ事』）

一貫町の年寄・要蔵が奉行所に提出した届書によると、この家は十二日まで空き屋だったというので、転居のさいの動きを中島に知られてしまったものと思われる。

このとき可寿江の息子・帯刀は不在だった。彼らは押し入れから床の下まで探し、さらに両隣も捜索したが、やはり帯刀の姿はない。そこで家主に明晩、帯刀を三条大橋まで連れてくるようにと命じ、可寿江を連れて立ち去るのだった。

これまでの天誅とは違い、可寿江は殺害されることはなかった。三条河原の橋桁に縛り付け、そのまま放置するという「生き晒し」を行ったのである。

村山かずへ

この女、長野主膳妾として戊午以来、主膳の奸計を相助け、稀なる大胆不敵の所業（を）すすめ、赦すべからざる罪科これあり候えども、その女子の旨をもって、面縛の上、死罪一等これ（を）減ず。もっとも、かずへ白状によって奸吏の名目一々これ記し畢《おわ》る。なおこの上、御役方再応吟味（を）遂げ、右奸吏ども逐一厳刑（を）加うべきもの也。

十一月十五日

（『東西評林』）

可寿江は翌十五日の正午前まで生き晒しとなった。その間、空腹もあったろうし、夜が明けてからは人々の好奇の目に晒され、排泄も堪えきれなかったかもしれない。まさに生き恥を晒したのだ。

やがて奉行所の役人によって解放されると、可寿江は駕籠で西町奉行所に運ばれ、取り調べのため入牢を命じられている。放免されたのはいつだったたか、その記録はないが、可寿江には苛酷な現実が待っていた。

可寿江の入牢中に、帯刀が天誅の刃に襲われたのだ。

多田　帯刀

この者儀、島田左兵衛、加納繁三郎、長野主膳等（と）互いに奸計相働き、（中略）その罪、実に天地に容るるべからず。（中略）よってその一端を挙げ、天誅を加うるもの也。

十一月十六日

（『官武通紀』）

遺体が発見されたのは十六日だが、殺害は十五日の夜のことである。

どのように言いくるめられたのか、その日、帯刀は家主と三条大橋までやってくると、

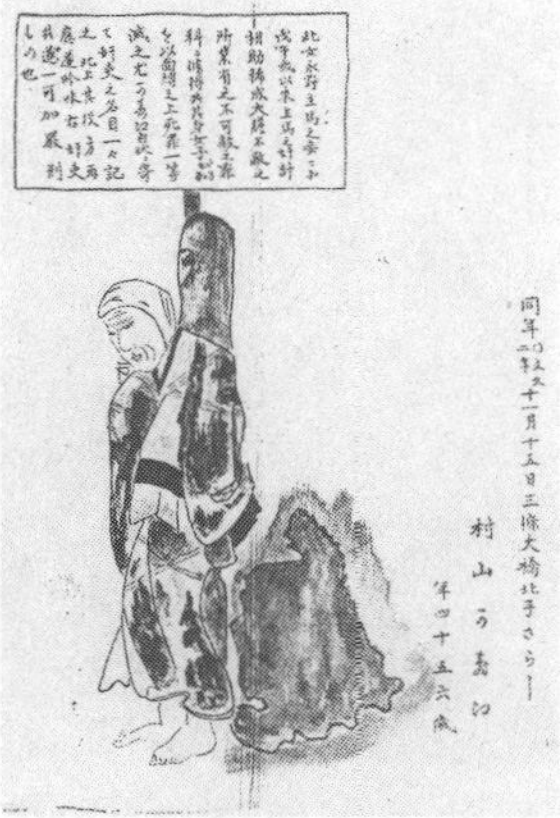

村山可寿江生き晒しの図（『寒胆帖』東京大学史料編纂所「大日本維新史料稿本」より）

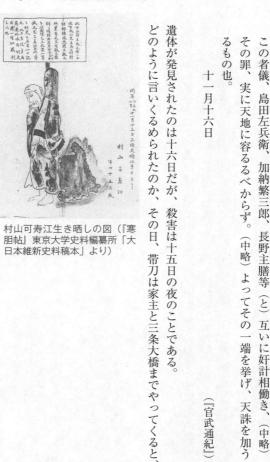

村山可寿江（たか女）の墓（左京区、円光寺）

半信半疑で待っていた男たちに蹴上《けあげ》まで連行され、首を落とされた。
可寿江は直弼を失い、最後の望みである帯刀をも奪われたのである。
奉行所から放免された可寿江は尼僧に引き取られ、剃髪して妙寿尼と名乗り、京都市左京区の金福寺で晩年を過ごし、明治九年九月三十日に死亡すると、金福寺に近い円光寺に埋葬された。

8　勝野豊作の妻・ちか

――安政の大獄で出奔した夫を庇って投獄され、夫の死を知らずに病死した女

安政五年（一八五八）九月二十八日の水戸藩士・鈴木大の日記に、「昨夜、日下部伊三治（伊三次）事、幕府へ召し出しに相成り、幕吏ただちに踏み込み参り候間、走路これなく罷り出で申し候。勝野豊作は出奔いたし候事に候」（『鈴木大日記』）と、日下部伊三次が幕府に捕らえられ、勝野豊作《とよさく》は逃走したとの記述がある。

捕縛された日下部伊三次は薩摩藩士だが、出奔した勝野豊作は旗本・阿倍十次郎の家来で、諱《いみな》を正道、号を台山といった。

豊作は勝野六太夫の長男として文化六年（一八〇九）に江戸で生まれ、十六歳となる文政七年（一八二四）に旗本・河島虎七郎の娘と結婚した。この娘の名をちかといい、二歳年下の文化八年の生まれだった。

結婚して間もなく養女を迎えているが、これは勝野家の娘として他家へ嫁がせるため

の方便だったようだ。実子としては、天保元年（一八三〇）に長男・森之助、次男は夭逝し、同七年に長女・ゆう、同九年に三男・保三郎が誕生している。

この保三郎の息子である勝野正魚《まさな》によると、豊作は「古侠者の風あり」とのことで、刀槍術に長じ、学問も水戸学に傾倒し、その関係で交際範囲は広く「訪客常に門に満ちたり」（『神社協会雑誌』所収「安政の大獄と勝野家」）という状態だったという。

弘化元年（一八四四）五月に水戸藩主・徳川斉昭が、軍事訓練や仏教弾圧という過度の藩政改革のために幕府より致仕謹慎の処分を受けると、水戸の藩士たちは赦免運動のため江戸へ押し掛けたが、勝野家に潜匿・奇遇する者が多かったという。豊作自身も斉昭の赦免のため周旋に動き、幕府の内情を探って水戸藩士に報知したとされる。

捕縛された日下部伊三次は、当時は薩摩藩士だったが、それ以前は水戸藩に仕えており、やはり斉昭の赦免に尽力していた。その甲斐あって斉昭は同年十一月に謹慎を解除され、嘉永二年（一八四九）三月には藩政への関与も認められるのだが、豊作の同志という立場であり、あるいは勝野家の世話になったことがあったかもしれない。

その後、嘉永六年六月のペリー来航に始まり、安政元年三月に日米和親条約が締結され、同五年三月に彦根藩主・井伊直弼が大老に就任すると、同年六月には勅許を得ないままに日米修好通商条約が結ばれ、将軍継嗣問題では改革派の推す一橋慶喜を退け、守旧派の目算どおり徳川慶福（のちの家茂）が後継と決定され、七月には徳川斉昭や一橋慶喜らの改革派には謹慎が命じられた。安政の大獄の第一歩である。

しかし、攘夷を国是とし、慶喜の将軍就任を望んでいた朝廷は、同年八月に幕府を譴責する勅書を下すことになるが、その背景には日下部伊三次と豊作による朝廷工作があった。

日下部は七月九日に江戸を出立すると十九日の夜に着京したが、これに豊作は二人の息子をともなっていた。

梁川星巌の門人で、豊作の同志である三河吉田藩の儒者・小野湖山が星巌に宛てた七月十日付の書簡に、「今般、勝野台山（豊作）極内上京。右はまったく近日時事云々に付き余義（儀）なく出かけ候事に御座候」と上京の目的を述べ、豊作について「この人、小生には無二の旧心者にて、当時国家の御為心思を焦がし候事、恐らく府下には比類なき忠実の士に御座候」（『梁川星巌翁附紅蘭女史』）と報じられている。

日下部はまず二十日に水戸藩邸に留守居役・鵜飼吉左衛門を訪ね、今回の上京の趣旨を伝え、二十二日には三条実万《さねつむ》に謁見すると幕府へ譴責《けんせき》の勅諚を下し、親幕派の関白・九条尚忠の排斥を訴えた。これが実を結び、幕府譴責の勅諚が下されることになるのだが、勅諚は幕府ばかりではなく、内々に水戸藩へも下されるのだった。「戊午の密勅」と呼ばれる所以《ゆえん》である。

その内容は、無勅許での条約締結と、革新派大名が将軍継嗣問題で処分されたことへの抗議の意志を示すものだったが、水戸藩へも下されたことが問題だった。本来、勅諚は幕府にのみ下されるものであり、それを頭越しに水戸藩へも下したということは、幕府を蔑《ないがし》ろにする行為であり、いわば幕府を否定したことになるのだ。

しかも、武家伝奏・万里小路《までのこうじ》正房より鵜飼吉左衛門への降下は八月八日であり、関白・九条尚忠より禁裏付の旗本・大久保忠寛への降下は十日に行われていた。つまり、幕府より先に水戸藩は勅諚を入手し、事前に幕府が握りつぶすことは不可能なのである。鵜飼吉左衛門は長男・幸吉にこれを託して江戸へ向かわせ、日下部はその写しを持って、東海道を行く幸吉とは別に中山道を江戸へ下った。

この間、豊作の行動については明らかではないが、『梁川星巌翁附紅蘭女史』には「翁（星巌）を初め同志の士と会し、勅諚降下の事を謀れり」とあり、尊融法親王（のちの中川宮）へ「違勅の奸臣厳重御除きの上は、外夷の御処置はいかようにも叡慮を安んじられ候よう相成るべく……」と、勅許を得ずに条約を結んだ幕閣の排除を訴え、それなくては「ただただ奸臣同意の者、党を結び……」（『斉彬公史料』）彼らが違勅を繰り返すことを警告する上書を呈上したことが記録されている。

また、帰府も日下部に同行したものと思われるが、それについても明らかではない。

幸吉は十六日深夜に江戸へ着き、翌日には家老・安島帯刀を通じて藩主・慶篤に勅諚が届けられ、十九日にはその写しが水戸へも届いていた。一方、幕府に勅諚が届いたのは十九日のことであり、事態を知った幕府は慶篤に返還を命じたが、斉昭の雪冤《せつえん》と攘夷の断行を求めて江戸へ向かう士民が続出し、水戸海道の宿場に結集する始末だった。

幕府は攘夷派への弾圧を強め、九月七日に梅田雲浜が、十八日に鵜飼吉左衛門・幸吉父子が、十月に池内大学が、十一月に頼三樹三郎が捕縛されることとなるが、豊作と日下部伊三次に捕り方を差し向けたのもその一環としてのことだった。なお、梁川星巌も捕縛の対象とされていたが、九月二日に流行り病で死亡していた。

捕縛を免れた豊作について世古延世は『唱義聞見録』で、その日、日下部方で時事を談じていたところ捕り方が押し掛け、日下部を捕らえたものの、同席していた豊作が誰であるかを知らず、捕縛を免れたためそのまま出奔したとしている。しかし、「安政の大獄と勝野家」は豊作の在宅を伝えている。

それによると、数人の町奉行所の与力・同心が出頭を命じると、森之助と保三郎は豊作を倉庫内に潜ませて不在を装ったという。豊作はすでに証拠となるような重要書類は焼却させており、与力たちの求めに応じて書面を差し出したが、どれも無難なものばかりだった。そして、彼らが立ち去ると豊作は夜の闇に紛れて姿を消したのだとする。

あるいは、日下部方から逃れた豊作はいったん帰宅したものの、そこへ与力たちがやってきたため、身を隠したということなのだろうか。いずれにしても、杜撰《ずさん》な捜索によって豊作は捕縛を免れたのだが、残された家族四人はその連累ということで、とりあえず親戚預けとされた。

十月六日、森之助と保三郎は奉行所へ召喚され、豊作との上京について尋問されたが、事前に二人で約束していたようにその事実は否定し、水戸へ遊行していたと答えている。しかし、対応に曖昧な点があったため伝馬町の東揚屋に投じられ、さらに八日にはちかが、十六日にはゆうも女牢である西揚屋へ入れられてしまった。

その翌月十五日暁、神田相生町付近で火災が発生した。火の手は広がり、翌日の「明け方、艮《うしとら》の風に替わりて、堀留町、大伝馬町牢屋敷、鉄砲町」(『武江年表』)ほか、広範囲が被災している。こうした場合、通常なら囚人は「切り放し」といって、避難のため三日間の自由を与えられ、その間に帰ってくれば罪一等を減じられるのだが、政治犯とその連累は町奉行所などの仮牢へ分散して投じられたという。

火災騒動が落ち着いた十二月六日、ちかとゆうは「出牢預け」(『高麗環雑記』)の処分を受け、帰宅しての謹慎処分となったが、森之助と保三郎は仮獄舎に投じられたまま年を越すこととなる。

安政六年三月四日に評定所の裁決が下り、ちかとゆうは「一通り尋ねの上、召し連れ人へ預け遣わす」とされ、森之助と保三郎には「一通り尋ねの上、牢内へ差し遣わす」(『安政年録』)との処分が下された。

のちに一橋慶喜を補佐する水戸藩士・原市之進の日記(『原忠成日記』)に、三月四日に評定所へ召喚された人物の名前が列記されている。

三月四日

鵜飼幸吉　勝野豊作妻ちか　同人娘ゆう　同人倅森之助　同保三郎

太宰清衛門妻せい　八郎　高橋兵部権大輔　三国大学　藤井但馬守

松平越前守家来橋本左内

この獄中で保三郎は数日間、橋本左内と同室となり、頼三樹三郎と左内が処刑される十月七日に左内より辞世の漢詩と書面を託され、出牢後に福井藩士に届けたという。ま

「江戸伝馬町牢御椓場跡」の碑
（中央区、大安楽寺）

た、吉田松陰とも同室となって知遇を得、松陰の『留魂録』に「勝保（勝野保三郎）西奥（揚屋）に来たり予と同居す」、「勝野保三郎、早すでに出牢す。（中略）勝野の父豊作、今潜伏すといえども有志の士と聞けり」との記述がある。

勝野家の四人がふたたび評定所へ召し出されたのは、十月二十七日のことだった。そこで森之助には「改め牢屋敷へ預け、追って遠島」（『安政年録』）の処分が申し渡された。「遠島」とは島流しのことで、死刑より罪一等を減じた処分であり、長男である森之助は、豊作に代わって一身に罪を負わされたのだった。

同時に、保三郎には「改め牢屋敷へ預け、追って押込《おしこめ》」、ちかとゆうには「改め牢屋敷へ預け、追って主人へ預け押込」（『安政年録』）が申し渡された。この「主人」とは、豊作が仕えていた阿倍十次郎のことで、「押込」とは軽い罪に対するもので外出禁止の謹慎刑処分であり、二十日、三十日、五十日、百日の受刑期間があった。

ちなみに「安政の大獄と勝野家」によると、ちかへの申し渡しは次のようなものである。

勝野豊作妻

ちか〈歳四十五〉

右ちか儀、安島よりの文通、豊作より預かり置き、御呼び出し後焼き捨て候儀、それぞれ□□□捨余儀なき事とは申しながら、容易ならざる義（儀）とも心付かず、右は手掛かりにも相成るべく、そのまま差し置くべきのところ、猥《みだ》りに取り計らい候段不埒に付き、押込申し付くもの也〈百日間〉。

文末に「百日間」とあるが、これは押込の期間を示すもので、ゆうと保三郎も同様にある。しかし、『編年雑録』『安政雑記』『安政秘録』等の諸記録は「五十日」としているので、こちらに信憑性がありそうだ。

このとき、やはり捕らえられて評定所に出頭していた世古延世は、ちかへの申し渡しについて「夫の危難見捨てがたく、書付類（を）残らず火中致し候儀、人情においてさもあるべきはずなれども云々置込申し付くるとあり、予、同日の所（処）置なりければ、傍らにありてこれを聞き候ところなり」（『唱義聞見録』）と記録している。

こうして四人の刑は決定したのだが、実はその八日前の十九日に豊作は病死していたのである。

「安政の大獄と勝野家」によると、出奔した豊作は小石川伝通院前に居住する水戸藩士・大野謙介方に潜伏し、「一年有余その二階に潜伏起居して時機の至るを待ちしが、時遂に到らず、病を得……」て死亡したのだとする。そして、大野は「屍体を密かに水戸城南大戸村に輸送し、大野内蔵太に托して山林内に葬れる……」のだったという。

おそらく、ちかたちが豊作の死を知ったのは、五十日の押込が終わった十二月十七日から間もなくのことと思われる。「安政の大獄と勝野家」では「夫君（豊作）の行衛（方）、なお何ら消息なき……」としているが、豊作を弔った大野内蔵太が知らせなかったとは考えにくい。あるいは、ちかは知らせを受けていたものの、あえて子供たちには知らせなかったのだろうか。

知っていれば喪失感に襲われ、知らなかったとすれば安否を気遣い、無事を念じ続けたことだろう。

さらに、遠島の申し渡しを受けた森之助が、流刑地の三宅島へ送られたのは十一月のことだった。

遠島はそれ自体が刑罰であり、流刑地でさらなる刑罰が加えられることはない。とはいえ、生活は自給自足で、手に職のない者は農業や漁業の手伝いをして食いつながなければならない。しかも刑期は無期で、恩赦によって免じられなければ島を出ることはできない。

森之助のことを思って、ちかは心身ともに疲弊したに違いない。

しかし、それから三年後の文久二年十二月、庄内浪士・清河八郎の「急務三策」の献策によって、幕府は政治犯に恩赦を与えたのである。

森之助もこれに救われた。十一月二十九日に阿倍十次郎より「右一件連なり候者ども、一般に御赦し仰せ出され候に付き……」（「安政の大獄と勝野家」）という赦免の報知が、保三郎を寄宿させていた勝野家の親戚に連絡があったのだ。

二度と会うことは叶わないと覚悟していた森之助が、三宅島から帰ってくることを知った ちかは、息子を迎えるための準備を始めた。そして、「入獄時以来親戚に預けありし伝家の宝刀、甲冑《かつちゆう》等を、当時仮寓しありし浅草堀田原の住居内に引き取る等、その帰還に一日千秋の思いを焦がしおれる際……」（「安政の大獄と勝野家」）に、ついにちかは限界を迎えてしまう。

十二月二十六日、ちかは脳溢血を発症して意識を失い、そのまま二十八日の暁に息を引き取った。

森之助が江戸に戻ってきたのは、翌文久三年三月のことである。

9 芹沢鴨の妾・梅
——壬生浪士組の暗殺事件の犠牲となった女

文久三年（一八六三）三月、将軍・徳川家茂は朝廷との関係修復のため上洛するのだが、幕府は京坂に横行する浪士への対応に苦慮していた。

そこへ一つの提言があった。彼らを封じるため、東日本で浪士を募集して一隊とし、家茂の上洛前に京都へ送り込み、浪士をもって浪士を鎮圧させるというものである。

発案者は文久元年五月に人を殺めたため江戸を脱し、諸国に潜行していた庄内浪士の清河八郎だった。清河は文久二年八月に同志で旗本の山岡鉄太郎の協力を得て、講武所剣術教授方の松平主税助を動かすと、九月にはこれを「浪士鎮定の策」（『枢密備忘』）として、政事総裁職にあった前福井藩主・松平春嶽（慶永）に献言させた。

反幕派の清河が幕府を利するはずはなく、集めた浪士たちを攘夷の先兵とする計画だったのだが、浪士問題に苦慮していた幕府はこれを採用し、浪士組を結成することになる。

また、清河は十一月には松平春嶽に「急務三策」を献策する。その三策とは、一に攘夷、二に大赦、三に天下の英材の採用を訴えたものだが、要するに大赦を行って攘夷のための人材を採用すべきというものであって、逃亡犯である自分自身や、獄中にある同志たちを解放させることが目的だった。これも採用され、十二月には清河とその同志たちの罪は許され、彼らは自由を獲得することとなる。

この大赦によって赦免された人物の一人に、下村継次がいる。

下村継次は水戸領芹沢村の郷士の三男として天保三年（一八三二）誕生し、神官・下村家の養子となったのだが、同志とともに「玉造組」「文武館党」の一員として過激な攘夷運動を行ったことにより、文久元年三月に捕らえられて水戸藩の獄に投じられていた。

大赦によってやはり十二月に出獄した下村が名乗った名前が、芹沢鴨である。

鴨は江戸へ出て同志とともに浪士組に加盟し、京都へ向かう。

二百三十余人の浪士組は二月二十三日に着京すると、洛西壬生《みぶ》村に分宿したが、清河はここで浪士組結成の本来の目的を訴えた。浪士たちは幕府より手当を受けてはいたが、幕臣となったわけではなく進退は自由なはずであるから、朝廷の許可を得て江戸に戻り、攘夷の先兵となるというのだ。

異論があった。唱えたのは鴨のグループと、江戸市谷で天然理心流道場・試衛館を営む近藤勇のグループである。尊王攘夷に異論はないが、将軍警護という当初の目的を果たすことなく東帰することに、正当性がないとの主張だった。

彼らは対立したが、清河は朝廷に東帰の許可を受けると、京都残留を主張する鴨たちを残して、滞京二十日あまりで江戸へ出立した。彼らを見送った鴨たちは、京都守護職で会津藩主の松平容保《かたもり》の「預かり」という身分での滞京が認められ、壬生浪士組を自称する。これが新選組の前身である。

鴨らは壬生村の前川荘司方と八木源之丞方の離れ座敷に宿泊し、四月には大坂の両替商・平野屋五兵衛方で百両を調達すると、浅黄色の地に、両袖口ばかりに白く山形を染め抜いた隊服を作製した。いわゆる「ダンダラ羽織」である。

壬生浪士組は京坂で隊士の募集を行い、鴨は近藤勇とともに局長の地位につき、五月には総員三十数人、六月には五十数人という組織となった。

このころのことと思われるが、鴨は太物問屋・菱屋から着物や小物を購入した。文久三年の京都の職業と主人名を一覧にした『花洛羽津根』に、「呉服調進所」として「西陣山図子　菱屋太兵衛」とある店だ。前川家の親戚にあたる店で、明治初期に前川家当主の前川一太郎が筆記した、前川家の「由緒　幷《ならびに》　親戚書」に「叔父　上京区第四組山名町　木南太兵衛正民」とある。

買い物をしたが、鴨は代金を支払わない。当初は番頭が訪れて支払いを催促したが、あまり強く請求して逆効果になることを恐れた菱屋では、主人の妾である梅を使って、鴨を懐柔して代金を支払わせようと考えた。

この梅について、昭和三年に子母沢寛の取材を受けた八木源之丞の息子・為三郎は、「二十二、三になるなかなかの別嬪で、眼元のいい、口元のしまったきりりとした色の白い女でした」というので、天保十三年（一八四二）か十四年の生まれということになる。かつては島原の芸妓だったようだが、菱屋の主人・太兵衛が落籍し、妾としていた。垢抜けて愛嬌がいいので、隊士たちは「女もあのくらい別嬪だと惚れたくなる」（『新選組遺聞』）とささやいていたという。

そんな梅を、鴨は一度、二度と追い返していたが、あるとき八木家の母屋へ誘って、無理矢理に自分のものにしてしまった。当初は鴨を嫌っていた梅だが、いつしか惹かれるようになり、ついには菱屋の目を盗んで鴨のもとへ通うようになったとされる。

ただし、母屋といえば八木家の家族の住まいであり、源之丞の妻もいれば子供もいる。使用人の目もある。その一室で事に及んだだろうか。あるいは、離れ座敷でのことだったのかもしれない。

鴨には酒乱の気があり、短慮で乱暴だったと伝わる。

会津藩士の評に「芹沢鴨と申す者はあくまで勇気強く、梟（狂）暴の者の由にて、配下の者、己れが気に合わぬことこれあり候えば、死ぬほど打擲《ちょうちゃく》いたし候ことなどこれあり候由」(『騒擾日記』)というものがある。

六月末とも八月中旬ともされるが、壬生浪士組が島原の角屋で集会を開いたさいに、鴨は芸妓たちはいるものの、その席に角屋の仲居が一人もいないことに気づいた。立腹した鴨は帳場に並んでいた大酒樽の注ぎ口をたたき壊し、厨房の瀬戸物をことごとく粉微塵にしてしまった。そして、角屋に七日間の謹慎を申し付けて立ち去ったことがある。

八月十二日には反幕攘夷派に献金をしながら、自分たちの要求には応じない大和屋という生糸問屋を、隊士を率いて襲撃し、隊士たちに土蔵にある商売物の生糸類から家財道具に至るまで燃やしてしまった。騒ぎを知って大名火消も出動したが、隊士たちは刀を抜いて彼らを阻止した。

大和屋は葭屋町《よしやまち》通り中立売にあり、その東側へ数百メートルという近距離に御所があった。場合によっては御所に火の手が及んだ可能性もある。ただでさえ火事を恐れる当時のことであり、数日後、朝廷は京都守護職の松平容保に善処を求めると、容保は近藤勇らを召して鴨の処分、つまりは殺害を命じるのだった。

近藤らは鴨のグループの乱暴や金策に手を焼いており、彼らを排除することに異議はなかったが、決行は遅れた。その理由は八月十八日の政変にあった。この日、公武合体派の薩摩・会津両藩が提携して、朝廷内に発言力を持つ攘夷断行派の長州藩を追い落とす政変を断行した。

このとき壬生浪士組も警衛のため御所に出動したのだが、その働きを認められて後日、会津藩より「新選組」の隊名を与えられることとなる。

政変によって長州藩と彼らに同調する七人の公家も長州に落ちたが、京都の治安状態には不安が残っていた。壬生浪士組に正式な市中巡邏が命じられたのは、このときのことである。以後、彼らは反幕派の取り締まりを主な任務とすることとなる。

九月十六日、壬生浪士組はふたたび島原の角屋で集会を開いた。

会議が終わって宴会となったが、午後六時ごろになると鴨は同志の平山五郎・平間重助とともに席を立ち、雨のなかを八木家へ戻った。近藤グループの土方歳三もこれに同行しており、彼らは八木家の母屋を借りて飲み直した。平山と平間はそれぞれ島原の馴染みの芸妓を連れ、鴨には梅が待っていた。

土方は彼らに酒を勧める。それが同行した目的なのだ。やがて酒に酔った鴨は梅と、平山は芸妓と同じ部屋に屏風を立てて布団に入り、平間も芸妓と別室に移った。それを確認した土方は前川家へ戻る。

『新選組遺聞』に「私が母から聞かされたものですから、そのおつもりでお聞き下さい」という、為三郎の談話がある。為三郎の母親は子供たちを寝かせながら、外出中の夫を待っていたため、事件を目撃していたのだ。

それによると、土方が立ち去ってしばらくすると、静かに屋内に入ってくる者があり、夫かと思うと土方だった。土方は鴨たちの眠る部屋の襖を細目にあけて様子を確認すると、ふたたび出て行く。それから二十分もしたころ、激しい足音が響き、抜刀した数人の男が鴨たちの寝ている部屋に飛び込んだ。土方のほか、沖田総司・山南敬助・原田左之助の四人とされる。

平山の相手はたまたま厠《かわや》に立っていたため難を免れたが、平山と梅は即死、鴨は為三郎や母親がいる隣室まで逃れたが、そこで斬り殺された。平間は標的ではなく、襲われることはなかったが、そのまま京都を脱してしまう。

梅の遺体は惨《むご》いものだった。母親から聞いた為三郎の談話がある。

その蒲団の上へ、お梅が、これもどこを斬られたのか顔も髪も、ごたごたになるほどの血だらけになって死んでいます。みんな、「首がもげそうだ、動かすな動かすな」などといっていましたから、首をやられたのでしょう。後に落ち着いてからも、一太刀で首を皮一枚残すくらいに斬られていたとの話でした。女ですからまことに見苦しい死態《しにざま》で、それに、湯文字たった一枚の、これもまた真ッ裸なのです。

(『新選組遺聞』)

梅は湯文字一枚の姿だったという。

壬生浪士組では暗殺の事実は伏せたまま、翌々十八日に鴨と平山の葬儀を執り行ったが、梅の遺体を引き取るつもりはなかった。菱屋に掛け合ったが、鴨の妾となったので暇を与えたと、こちらにもそのつもりはない。

為三郎は「菱屋と私のところと、仲へ隊士が入ってお百度を踏んだ末、ようやく三日目か四日目に、お梅の里が西陣にあって、この家で、引き取って行きました」（『新選組遺聞』）と語っているが、九月二十一日の『町代日記』にも、梅について「妾の趣、油小路辺女一人、同所にて浪士の内より切り殺し候由。女はそのまま宅へ相送り候えども

芹沢鴨の墓（中京区、壬生寺）

……」との記述がある。

実際には梅の遺体は実家に引き取られていたのだが、埋葬された寺院については何も伝わっていない。

10 武田相模守の母・某
――天誅事件に巻き込まれて殺害された女

反幕攘夷派の長州藩とそれに同調する公家は、文久三年（一八六三）三月に上賀茂・下鴨両社へ、四月には石清水八幡宮へ攘夷祈願の行幸を実現させた。

その狙いについて、晩年の徳川慶喜は「将軍の権威を墜そう墜そうというところにもっぱらになっていたのだ」（『昔夢会筆記』）と語る。天皇の乗る輿に供の公家たちが続き、将軍は彼らに頭を下げるが、天皇はもちろん、公家たちはそのまま通り過ぎる。つまり、天皇と将軍、朝廷と幕府の関係を天下に晒すことで溜飲を下げたのだった。

この二度の行幸に続いて計画されたのが大和行幸である。

大和行幸の目的も攘夷祈願ではあったが、八月十三日に下された沙汰には「大和国へ行幸、神武帝山陵、春日社等へ御拝あらせられ、しばらく御逗留、御親政軍議あらせられ……」（『尊攘堂書類雑記』）とあり、神武天皇陵と春日大社に参詣後、「親政軍議」を開くことが明記されている。

これまでの行幸は攘夷祈願のためのもので、攘夷はあくまでも幕府が行うべきものであったが、天皇みずからが軍議を開くということは、天皇が軍事指揮権を握るということだ。これは征夷大将軍という将軍の職掌の否定であり、つまりは幕府の存在の否定、倒幕の宣言なのである。

この日、公武合体派の薩摩藩が動く。

薩摩藩士・高崎左太郎は会津藩公用人の広沢富次郎と秋月悌次郎のもとを訪れ、「親王の大いに憤発され、当路の姦（奸）臣を除き、真の叡慮を遵奉せんと決心せらるるが故に、同意なるにおいては力を戮すべし」（『鞅掌録』）と、朝廷を操る長州藩の排除に協力を求めた。

「親王」とは伏見宮邦家親王の第四王子・中川宮（のちの朝彦親王）のことで、安政の大獄によって「隠居永蟄居」を命じられていたが、文久二年に赦免されると国事御用掛として朝廷に復帰していた。公武合体派であり、反幕派にとっては邪魔な存在だったため、彼らは勅命と称して宮に西国鎮撫使を受任させ、京都から遠ざけようとしていたほどである。

公武合体派は朝廷の現状に不満を抱いており、京都守護職をつとめる会津藩主・松平容保もその一人だった。容保は薩摩藩との提携に賛成し、広沢と秋月を中川宮のもとへ派遣して計画を伝えると、「親王、大いに悦び、一身を砕くも厭わずして、真の叡慮を遵奉せん」（『鞅掌録』）と決意を伝えた。もちろん、一介の藩士が直接、対面できるはずもなく、『鞅掌録』が「武田相模守をもって親王に奏す」としているように、あくまでも間接的に上奏したに過ぎない。

武田相模守は文政六年（一八二三）の生まれで、この年には四十一歳になっていた。諱は信発《のぶあき》といい、その経歴はあきらかではないが、中川宮に諸大夫《しょだいぶ》として仕えており、中川宮が公武合体派に走ったのは、この相模守の影響ともされる。

翌十四日、中川宮は固辞していた西国鎮撫使について、天皇の考えを聞くため参内したところ、天皇は宮が京都をはなれることを望んでおらず、鎮撫使の勅命が偽勅であることを知る。さらに翌日、宮はふたたび参内して大和行幸での親政を中止するよう進言したが、これも天皇の知るところではなかった。すべてが天皇を蔑ろにして、反幕派が自身に有利な展開を企んでいたのである。

中川宮は反幕派の排除を説き、天皇もそれに賛成した。しかし、その意向を関白に伝えれば、関白も反幕派と同意している以上、思うとおりに事が運ぶはずがない。

十六日も中川宮は「志を決せられ事の必成を見ざれば、幾日夜を連ぬとも天前を退かず」（『鞅掌録』）と決意したうえで参内した。長州系の公家が参内する前の午前四時を予定していたが、どのような理由からか、それが遅れて午前八時になってしまった。

中川宮はついに薩摩・会津両藩による政変の計画を言上したが、天皇は大いに興味を示したものの、時期尚早との判断を下した。なおも説得を続けるべきだが、時間が遅れたため長州系の公家たちが参内を始め、秘密を守るために宮はその場にとどまることはできなかった。

公家門の前に張られた幔幕《まんまく》のなかでは広沢や秋月らが待ち受けていたが、失意に包まれて黒谷の会津藩本陣へと戻る。

しかし、頓挫したかと思えた計画は、その夜になって天皇が承諾の使者を中川宮へ送り、宮より会津藩に計画の実行が伝えられた。薩摩・会津両藩に宮より下された沙汰書には、「先刻申し入れ候極密の事件に付いては、尊融（中川宮）誠に累年の鬱念を晴らし、生涯の忠胆を尽くすべきはこの時と存じ詰め候」（『久邇宮文書』）との一節がある。

明けて十七日の深夜、武田相模守より松平容保と、淀藩主で京都所司代の稲葉正邦のもとへ、参内を命じる文書が届けられた。「十七日の夜に入りて、中川宮諸大夫武田相模守より我が公用人に内達あり」とされた達し書には「肥後守（容保）様にも即刻御参内これあり候よう……」（『守護職小史』）とあり、正邦宛てのものも同様の文言である。

容保らが参内して間もなく、在京諸藩主にも率兵参内が命じられると、十数藩がこれに従い、薩摩・会津両藩兵が御所外周の九門を固めた。そして、すべての門が閉ざされると、凝華洞に措かれた会津藩の大砲から合図の空砲が放たれる。十八日の夜明けを告げる明六ッ時、現在の午前五時十分前後のことのようだ。

御所では参内した諸藩主以下に親政の延期が申し渡され、長州系の公家に参内・禁足・他人面会を禁ずる勅命が発せられた。

一方、砲声を聞いて持ち場である堺町御門に駆けつけた長州藩士は、警備の薩摩藩士と睨み合ったが、警備罷免の勅諚を示されると、その場を立ち去るよりほかになかった。長州藩邸には東久世通禧《みちとみ》・錦小路頼徳《よりのり》・三条西季知《すえとも》・四条隆謌《たかうた》・壬生基修《もとなが》の長州系の公家が姿を現しており、彼らは藩士とともに関白・鷹司輔熙《すけひろ》の屋敷に移ると、しばらくして三条実美《さねとみ》と沢宣嘉《のぶよし》が合流した。しかし、鷹司邸には勅使が派遣され、七人の解散と、長州藩士の退去が命じられる。

七人の公家と長州藩士は方広寺へ退き、翌十九日に彼らは長州へと落ちるのである。

こうして八月十八日の政変は終わった。

それから八カ月後の元治元年（一八六四）四月十八日夜、現在の左京区粟田口にある粟田神社の境内に住んでいた武田相模守の家に、数人の男が踏み込んだ。人数は三人とも、四人とも、五人ともする記録があって判然としない。

『官武通紀』によると、相模守は賄賂や偽金造りという罪状によって命を狙われていたというが、この四月二十二日には新選組が火災現場で不審人物を捕らえ、数人以外には滞京を禁じられている長州人が多数、京都に潜伏中との情報を得ている。これが六月に発生する新選組による池田屋事件の発端となるのだが、当然、長州人たちはそれ以前に京都へ潜入していたはずだ。

そして、彼らは八カ月前に京都を追われたことを忘れてはいない。天皇に政変を決断させたのは中川宮であり、相模守はその諸大夫だ。相模守の賄賂や偽金造りなどの取って付けたような罪状は、天誅事件に見せかけるための方便だったのではないだろうか。

家に踏み込まれた相模守は、円山にある長楽寺の正阿弥方に止宿する、尾張藩士の伊賀保五郎と吉田兵次郎のもとへ刀も持たずに逃げ込み、助けを求めた。

相模守によると、津藩士と名乗る武士が訪れて面会を申し込んだのだという。しかし、相模守はそれを断った。相模守の語るところは次のようなものである。

出会の儀相断り申し候ところ、すぐさま取次の召仕（使）、女（を）投げ付け、土足にて奥へ踏み込む連中の者もこれあるやと見請け候間、とりあえず老母も差し置き、裏より知恩院山越しに来たり候。（『甲子雑録』）

武士たちが屋内に踏み込もうとしたため、女に乱暴はしないと思ったのか、母親を置いて逃げ出したのだという。

その母親は、下僕とともに武士たちに切り殺されてしまった。

同人（相模守）宅へ帯刀の者三人押し入り、抜き連れにて乱妨（暴）仕り、同人母ならびに家来一人切り殺し候に付き……（『官武通紀』）

殺された母親については何も伝わっていない。逃れた相模守のその後は不明ながら、明治二十二年一月三十一日に六十七歳で死亡し、京都市上京区の十念寺に葬られた。

現在、相模守の墓碑は確認できないが、同寺が武田家の菩提寺だったとすれば、母親もここに眠っているのかもしれない。

十念寺（上京区）の墓地

11 近江屋の女将・ふさ
――池田屋事件の残党狩りで理不尽な最期を遂げた女

元治元年（一八六四）四月二十二日、京都の木屋町通り松原付近で火災があった。

現場に出動した新選組は、そこで通行の邪魔をするかのような二人の武士を発見した。彼らを捕らえようとしたところ、一人は逃げ去ったが、もう一人を捕縛して身許を尋ねると、長州藩邸の門番と応じる。しかし、門番にしては帯びている大小の刀も身支度も、とてもそうとは思えない。そこで、さらに厳しく尋問すると、二百五十人もの長州人が京都市中に潜伏していることを白状するのだった。

前年八月十八日の政変によって京都を追われた長州藩は、数人の公用人を除いては滞京が許されていなかったが、彼らは政変以前の政体への復権を願っており、潜入が事実であれば事件に発展することは明らかだ。

新選組は密かに市中の探索を開始する。すると六月に入って間もなく、鴨川の東岸で不審人物を捕らえ、これも厳しく尋問すると、長州人と彼らに同調する他藩士や浪士が、市中に四十人、伏見に百人、大坂に五百人も潜入しているとの自供が得られた。彼らは強風の日を待って市中に放火し、参内する中川宮や京都守護職の松平容保らを殺害する計画を立てていたのだった。

さらに新選組は探索を強化し、六月五日早朝には四条小橋近くの薪炭商・升屋喜右衛門を捕らえる。この喜右衛門は近江出身の反幕派で、本名を古高俊太郎という。古高は反幕派の同志を宿泊させたり、彼らが用意した武器等を土蔵に隠したりと、升屋を京都における拠点の一つとして提供していた。

升屋からは放火計画を示す文書が発見され、新選組は古高を壬生の屯所へ連行すると、これを会津藩に報じるとともに速やかな出動を願い出ると、会津藩は新選組に午後八時までに祇園会所へ集結するよう命じた。会津藩が二条通りから南下し、同じく新選組は四条通りから北上して、同時に不審人物の捜索を行う作戦であり、新選組は夕方までに祇園会所へ集結する。

一方、古高捕縛の知らせを受けた長州藩士らは藩邸で善後策を練り、古高の奪還論も出たが、大勢は慎重論に傾き、藩邸外に潜伏する長州の吉田稔麿《としまろ》と肥後の宮部鼎蔵《ていぞう》を呼び寄せ、その方針を申し渡した。これを同志に伝え、同時に慎重論に反対する者を説得するため、吉田と宮部が集合場所としたのが、長州藩の定宿だった三条小橋際の旅籠《はたご》・

池田屋である。集合時刻は新選組の祇園会所集結時刻と同じ午後八時だった。

しかし、新選組は会津藩の指示を待ちきれず、午後七時ごろより祇園界隈の捜索を開始していた。会津藩は他藩への出動要請などに時間を費やしたため、出動は十二時になってしまったので、それまで新選組が待機していれば、池田屋での会合は終わっていたはずだ。

新選組の出動隊士はわずかに三十四人で、沖田総司ら九人の隊士を局長の近藤勇が率い、副長の土方歳三は残りの二十三人を率いたが、これを副長助勤の井上源三郎ら十一人と、同じく松原忠司ら十二人のグループに二分し、機動性を持たせていた。

近藤隊は木屋町通りを、土方隊は祇園を捜索後、鴨川東岸の縄手通りを進んだが、池田屋に不穏な動きがあることをつかんだのは近藤隊だった。近藤は池田屋の間取りを調べさせると、三人を表口、三人を裏口に配し、沖田総司・永倉新八・藤堂平助の三人とともに屋内に入り、二階で会合していた十数人の反幕派と刃を交えることとなる。

六月八日付で近藤が江戸の義父らに事件を報じた書簡に、「一時ばかりのあいだ戦闘に及び申し候ところ、永倉の刀は折れ、沖田の刀は帽（鋩）子折れ、藤堂の刀は刃切《はぎ》れささらのごとく……」とあるような激闘が繰り広げられた。

もっとも、そのうちの半数ほどは裏口より脱しており、裏口を守る隊士がこれを迎え撃ったが、三人のうち一人が即死、二人は重傷を負って七月中に死亡することとなる。

屋内での闘いでは、新選組が宮部鼎蔵ら四人、あるいは五人を殺害し、知らせを受けた土方隊も池田屋に到着すると、井上源三郎以下が屋内に踏み込み、数人を捕縛している。

先の近藤の書簡には「打（討）ち取り七人、手負い二人、召し捕り二十三人、右は局中の手の働きに御座候」とあるが、これは池田屋屋内だけのものではない。遅れていた会津藩や他藩の出動もあり、夜を徹した大々的な残党狩りが行われるのだが、その成果を含めたものである。

このときの残党狩りで、「祇園町にてもこれある川端四条下ルところにて長州浪人一人、女とも即死」（『時勢叢談』）という出来事があった。祇園で長州浪士と女が殺害されたというものだ。

この「長州浪人」というのが、京都藩邸で作事方の配下にあった長州藩士・吉岡庄助だったと思われる。諱を篤之といい、天保二年（一八三一）生まれの三十四歳だった。

吉岡について、『修補殉難録稿』には「篤之はとある家にて酒飲みおりたりしに、会津勢数十人襲い来たりて、その家を取り囲む。篤之酔いながら刀を抜きて戦い、ついにう（討）たれてう（失）せたりき」とあり、某所で酒を飲んでいたところ、押し寄せた多数の会津藩士と闘って殺害されたことを伝えている。

ここには「とある家」とあって屋号は記されていないが、吉岡が殺害されたのは近江屋という料理茶屋だった。

この出来事について、長州藩留守居役で、当日は藩邸にいた乃美織江も記録している。近江屋の女将の娘二人が藩邸に訴えたものだ。

四条芝居場の脇茶屋〈近江屋きん〉、かねて御出でなられ候正（庄）助、昨夜半多人数御出で、暴《にわか》に私方の母、正助様ともに御切り殺しなられ候段、娘両人届け来たり候。　（『乃美織江覚書』）

「四条芝居場」とは四条橋の東に、四条通りを挟んで南北にあった南座と北座の一帯を指すものと思われ、そこにあった近江屋に残党狩りの手が及び、吉岡と女将が殺害されたというのだ。

乃美が後日、京都守護職の会津藩に問いあわせたところ、「正（庄）助は脇差（を）抜き掛けられ手向かい候故、討ち捨て候由との事」（『乃美織江覚書』）と、抵抗する姿勢を見せたために殺されたのだが、女将が斬られた理由は次のようなものだった。

右茶屋の女房、二階（への）梯子を女房《（ママ）》長州の御方かねがね御出でなられ候方にて、潜伏の御方にてはこれなくと申し少々支え候由。ただちに梯子より切り落としたりと云う。

（『乃美織江覚書』）

文章が乱れているが、会津藩士が二階へ上がろうとしたとき、女将が二階の長州の方は常連客であって、潜伏している人物ではないと彼らに抗弁したため、有無をいわせずに階段上で斬ってしまったという意味に解釈できる。状況は不明だが、女将が階段を上がる藩士を追ったのならば、蹴落としてしまえば済むことであり、階段上で立ち塞がったため斬殺されたのかもしれない。

『甲子雑録』に「町奉行所の与力より聴取した結果として、次のような記録がある。

長州勘定吟味方下役
召捕　木村甚五郎　二十八才

中ノ町
召捕　近江屋きん　二十七、八才

中国浪士
召捕　佐藤　一郎　三十五、六才

宮川筋一丁目
即死　近江屋ふさ　四十二、三才

近江屋ふさ方にて
即死　吉岡　正祐（ママ）　三十四、五才

松井町
召捕　近江屋つる

同　右夫一人

吉岡庄助の墓（中京区、誠心院）。無縁墓として整理されており、辛じて「長州」の文字と家紋が認められる。

『乃美織江覚書』の注記には茶屋の女将の名前が「近江屋きん」とあったが、これによると近江屋きんは召し捕られはしたものの、殺害はされていない。

何より吉岡が「近江屋ふさ方にて」「即死」とされている以上、残党狩りに巻き込まれて殺害されたのは「近江屋ふさ」であったことを疑うことはできない。

ただし、乃美が京都所司代に提出した「窺い書」には、「吉岡正（庄）助は五日、（中略）四条近江政とか申す茶屋へ相越しおり候ところ……」（『甲子雑録』）で殺害されたと、ここでは「ふさ」方ではなく「政《まさ》」方でのこととされている。

あるいは、「近江屋まさ」が正しいのかもしれないが、名前がまさであれ、ふさであれ、いずれにしても近江屋の女将が理不尽な最期を遂げたことに間違いない。

12

武田耕雲斎の妻・とき子

——水戸天狗党を率いて敦賀で処刑された夫同様、処刑後に梟首された女

　武田耕雲斎は享和三年（一八〇三）に水戸藩士・跡部正続の子として生まれ、跡部家宗家の跡部正房の養子となった。通称を彦九郎、のちに修理、諱を正生といい、文化十四年（一八一七）に家督を相続すると、戦国時代に主家に背いたとされる跡部氏を嫌い、武田氏に改姓した。

　天保十年（一八三九）には徳川斉昭の藩主擁立の功を認められ、若年寄となって水戸藩の藩政に参与したが、弘化元年（一八四四）に斉昭が幕府によって隠居・謹慎の処分を命じられると、雪冤のため無届けで江戸へ出た罪により、翌年には致仕・謹慎を命じられ、このときより耕雲斎を名乗る。嘉永二年（一八四九）に謹慎を免じられると、安政二年（一八五五）に大番頭、次いで若年寄に復職し、同三年には執政となって尊王攘夷派の中心人物の一人となるが、同五年に将軍後継問題で一橋慶喜を推した斉昭らが敗

れ、幕府に永蟄居を命じられると、耕雲斎も罷免された。

斉昭は万延元年（一八六〇）に死亡するのだが、時期は不明ながら、生前、耕雲斎に後妻を迎えるよう命じたことが、『武田耕雲斎詳伝』に記されている。

その後妻となるのが、斉昭の正室につかえていた人見又左衛門の養妹・延《のぶ》である。同書によると「人となりは、いずれかといえば男勝りであって、思想最も健（堅）実の女性であった。それで烈公（斉昭）のお目がねに叶い、伊賀守（耕雲斎）の後妻として命令結婚されたのである」という。嘉永年間（一八四八〜五三）のことだろうか。

この延が改名して「とき子」と名乗った。正しくは「とき」であるが、一般にとき子とされているのでそれに倣うこととする。没年から逆算すると文化十四年の誕生となる。

耕雲斎には七男四女があったが、長男を彦右衛門、長女を千代子、次男を魁介、次女をのぶ子、三男を本家の跡部家を継いだ小藤太、四男は夭逝し、五男を源五郎、三女をとく子、四女をよし子、六男を桃丸、七男を金吉《かねよし》といった。このうち長男から次女までの四人が笠井氏から嫁いだ先妻の子供で、三男は耕雲斎の側室・阿久津梅の子供、三女以下が後妻となったとき子の子供である。

当時は結婚後に妻が改名することもあったが、とき子の場合は先妻の娘の姿と同名だったことから改名したのだろう。

とき子が後妻に入って、間もないころに詠んだと思われる和歌が『武田耕雲斎詳伝』

にあり、「いかにも夫婦愛を純真に表現しているのを見ても知れる」と評されている。

うたたねの夢ともわかず契りしを　さめてぞしたう夜半の手枕

その後、耕雲斎は万延元年に執政へと再任されるが、文久元年（一八六一）に謹慎、同二年に謹慎となり、同年中に復職し、年末には将軍・徳川家茂の上洛に先立って上京する将軍後見職・一橋慶喜に随従した。耕雲斎が慶喜とともに江戸へ発したのは翌文久三年四月二十二日のことだが、その二日前の二十日、滞京中の家茂は朝廷に五月十日を攘夷期限と奉答している。五月十日をもって攘夷戦を断行するというもので、幕府にはそのつもりはなかったが、反幕攘夷派の長州藩はその日に外国商船への砲撃を行い、幕府を追い込む結果となるのだった。

翌元治元年（一八六四）一月、耕雲斎は伊賀守に任じられたが、その二十七日に朝廷は二度目の上洛を果たした家茂に横浜鎖港を命じる宸翰《しんかん》を与えていた。幕府は鎖港のための使節をフランスに派遣してはいたが、実現するはずはなかった。

水戸藩の攘夷派には「激派」と「鎮派」があった。桜田門外の変や坂下門外の変を引き起こした激派は、文字どおり過激派であり、鎮派は攘夷を掲げるものの、過激な行動には懐疑的だった。耕雲斎は鎮派だったが、攘夷も鎖港も実行しない幕府に決断を迫るため、激派の藤田小四郎らは筑波山挙兵の準備を進めており、三月二十七日には町奉行・田丸稲之衛門を総帥とする六十余人が筑波山に挙兵した。彼らは筑波勢あるいは波山勢と称されたが、「天狗党の乱」として知られる。

この動きに対して斉昭を継いだ藩主・徳川慶篤は、耕雲斎をともなって四月八日に江戸城に登営すると、横浜鎖港を断行すべきであることを具申し、これをもって藩内の沈静化をはかったが、幕閣が受け入れることはなかった。耕雲斎は五月二十八日に藩内取締不行届として謹慎を命じられ、六月十一日には水戸へ帰ることとなる。

一方、筑波山の天狗党は四月三日に下山して日光に参詣後、大平山神社へ移って五月三十日まで逗留し、その間に檄を飛ばして同志を求めると、その数はたちまち六百人に達した。水戸藩では小姓頭取の職にあり、田丸稲之衛門の実兄で軍学者の山国兵部らの使者を大平山に派遣し、天狗党に帰投を訴えたが、田丸はこれを拒絶するとふたたび筑波山へ戻った。

やはり執政の市川三左衛門は、「門閥派」と称される守旧派であり、反天狗党の藩校・弘道館の諸生（書生）を中心とした諸生党を結成し、幕府も水戸周辺諸藩に天狗党討伐を命じたことから、諸生党・討伐軍と天狗党のあいだで激しい戦闘が繰り広げられることとなる。

七月七日の高道祖《たかさい》、九日の下妻での戦いを経て、二十三日には市川らが水戸城に入ると、二十五日には天狗党が城下に押し寄せ藤柄口に戦い、幕府に水戸鎮撫を命じられた水戸徳川家の分家の宍戸藩主・松平頼徳が、八月四日に江戸を発した。この頼徳の一行に、小金に集結していた「大発勢」と呼ばれる執政・榊原新左衛門の一行六百余が加わる。

耕雲斎は大発勢とは一線を画していたが、六月十九日に彦右衛門・魁介・源五郎と跡部家を継いだ小藤太らの一族四十人ほどと江戸へ向かい、途中の宍倉に滞留し、八月八日に頼徳の一行に加わった。

彼らは十日に水戸城下へ入ろうとしたが、諸生党に拒まれて戦火を交え、十三日には那珂湊に転進する。那珂湊でも三日間の戦いがあったが、天狗党の加勢によって諸生党を敗走させた。

その二十八日、門閥派は鎮派の山国兵部・田丸稲之衛門らの家族を投獄し、屋敷を没収する。耕雲斎の家族、長男・彦右衛門の家族も例外ではなかった。

『近世名婦伝　孝貞節烈』中に「武田於登喜伝」という項があり、そこに屋敷没収時のとき子の様子が描かれている。

それによると、役人が屋敷を取り囲むと、手早く身支度を調えたとき子は薙刀を小脇に抱え、家人を従えて玄関に進み出たという。その勢いに役人たちが怯むと、とき子は「妾《わらわ》ごときの婦女子に恐怖《おそれ》、ご猶予あるは何事ぞや、疾々《とうとう》からめ捕られよ」と一声し、

『近世名婦伝　孝貞節烈』に描かれたとき子（国立国会図書館所蔵）

怒った役人たちが襲いかかろうとするが、隊長の某が進み出て、自分たちがやってきたのは上意を受け、やむをえずのことであると諭した。

そして、続けて「おん身ら捕り手に抗せば、かえって罪を増すのみか、伊賀殿のためにも必ず悪しく、それより尋常に縲絏《なわめ》を受け、一旦牢舎せられ候とも幕府の疑い晴れもせば、ただちに御免《おゆるし》あるは必定、もとより誠義の伊賀殿なればたちまち嫌疑の解けるなるべし」との言葉巧みな説得を受け、とき子は薙刀を捨てて縛についたのだとする。

『近世名婦伝　孝貞節烈』は明治十四年に刊行された「絵入り読み物」であって、事実である保証はないが、夫や息子の留守を護るとき子の態度としては、いかにもと思われるエピソードである。

なお、『武田耕雲斎詳伝』では屋敷の没収時に捕らえられたのではなく、とき子は没収後に実家の人見家に、六男で当時七歳の桃丸、七男で二歳の金吉、次男・魁介の長男である龍介、娘のよし子、耕雲斎の側室の梅、それに二人の下女を連れて移り住んでいたとしている。これが事実であれば、右のエピソードは人見家でのこととなる。

そのころ耕雲斎は天狗党・大発勢とともに那珂湊にあり、彼らは戦闘を続けていたが、最も大きな情勢の変化があったのは十月になってのことだった。

松平頼徳は本来、天狗党鎮圧が任務だったが、諸生党と交戦したことを幕府に咎められ、弁明のため九月二十六日に率いていた藩士とともに江戸へ向かうと、その機会が与えられることもなく、十月五日に切腹を命じられてしまう。また、十月に入ると大発勢が天狗党との分裂の兆しを見せ始めるようになった。

そして、十月十七日、十八日と那珂湊は追討軍の攻撃を受けると二十三日には陥落し、耕雲斎と天狗党は二十五日に水戸北方の大子村《だいご》（茨城県久慈郡大子町）へと逃れ、追討軍が那珂湊に入った二十四日に大発勢は降伏した。このときに耕雲斎の三男・跡部小藤太は負傷していたのか、鹿島郡（那珂郡か）飯田村で屠腹したという。

大子村での衆議によって、耕雲斎は総軍の総帥となった。松平頼徳も榊原新左衛門もいなくなり、かといって天狗党の田丸稲之衛門の身分は町奉行であって重みに欠ける。

水戸藩元執政という耕雲斎こそ、押し立てるべき人物だったのである。耕雲斎以下、大発勢から天狗党に移っていた山国兵部が大軍師、田丸稲之衛門が本陣、元からの天狗党だった藤田小四郎・竹内百太郎が輔翼となり、天勇隊・虎勇隊・龍勇隊・正武隊・義勇隊、それに武田魁介を隊長とする奇兵隊という六隊編制が行われた。総員、ほぼ千人である。

彼らは二十七日に追討軍と月居峠で戦うと、十一月一日に大子村を発する。目的地は京都、そこで斉昭の七男で一橋家を継いだ、当時は禁裏守衛総督の任にあって滞京していた一橋慶喜を通じ、朝廷に攘夷の素志を訴えようというのである。

その後の天狗党の動きはよく知られている。大子から下野《しもつけ》・武蔵・上野《こうずけ》・信濃・美濃の諸国を抜けて西上し、十一月十六日には上野の下仁田《しもにた》で高崎藩兵と、二十日には信濃の和田峠で高島・松本両藩兵と戦い、そのまま中山道を進んだが、十二月一日に宿泊した美濃の揖斐《いび》からは、近江国の通行を避けて北上した。越後の敦賀から京都を目指すつもりで、四日には美濃と越前の国境にある蝿《はえ》帽子峠《ぼうし》を越え、九日に敦賀へ五里ほどの今庄《いまじょう》（福井県南越前町）、十日には新保《しんぼ》（敦賀市）へ入った。

しかし、彼らの望みは慶喜自身によって絶ち切られていたのである。十一月三十日、慶喜は朝廷に天狗党鎮圧のための出征を願い出ていたのだ。一度は却下されたものの慶喜の意思は固く、翌十二月一日未明になって出陣の許可を得ると、三日には鎮圧軍が京都を出立し、九日には加賀藩兵が新保の手前の葉原《はばら》に着陣していた。耕雲斎は敦賀の加賀藩本営に通行の許可を願い出たが、十二日になって正式に拒絶される。この間に耕雲斎の五男・源五郎は慶喜の内諭を受けた、元水戸藩士で当時は一橋家に仕えていた梅沢孫太郎の手引きによって天狗党から離され、彼らと運命をともにすることを免れたという。

加賀藩は十七日に総攻撃を行う予定だったが、その前日に天狗党が降意を示したため戦闘は回避され、二十一日には琵琶湖北岸の海津《かいづ》に滞陣する慶喜のもとに降伏状が届けられた。ここに天狗党の西上は終わりを告げ、耕雲斎ら八百二十三人は敦賀の三寺院に収容される。

天狗党を預かった加賀藩の取り扱いは丁寧なものだったが、年が明けた慶応元年（一八六五）一月十八日に幕府が派遣した、相良《さがら》藩主で天狗党追討軍総括をつとめる田沼意尊《おきたか》の一行が敦賀に到着し、二十九日に加賀藩より身柄を受け取ると、それは一変した。彼らは窓が板で釘付けされた、五間（約九メートル）に七間か八間（一三メートル前後）という広さの鰊《にしん》蔵に五十人ほどずつが押し込まれ、莚《むしろ》を敷いた土間で就寝し、大小便は中央に置かれた一つの桶で済まさねばならなかった。耕雲斎ら三十人ほどを除いては全員に足枷《あしかせ》がはめられ、食事は一度に握り飯一つと白湯《さゆ》が与えられるだけだった。

吟味は二月一日より始められ、四日には早くも耕雲斎・彦右衛門・魁介父子のほか山国兵部・田丸稲之衛門・藤田小四郎ら幹部二十四人が処刑されると、二十三日までに合計三百五十二人が斬首となり、残りは追放・遠島・水戸送致とされ、子供たちは敦賀の寺院に預けられた。

しかも、耕雲斎・山国・田丸・藤田の首は塩漬けにして、江戸経由で水戸へ送られている。

彼らの首は三月二十五日より水戸で晒されるのだが、届いたのはその前日か前々日だったようだ。『新家政忠雑記』は、とき子らについて「これまで流新道御用長屋（に）罷りあり候ところ、当二十三日赤沼揚屋へ相下がり候事」と、二十三日に「御用長屋」から赤沼獄の揚屋へ移されたと記録している。これは耕雲斎らの首が届いたか、翌日には届くことがわかり、とき子らの罪状を赤沼獄で申し渡すための措置と思われる。

なお、「流新道」は『常野事件』が記しているように「浮新道」が正しく、明治期の町名変更で細谷村に属した「浮町」の新道を指すものと思われ、『常野靖乱記』はこれを「渋田御用長屋」としている。この「渋田」も明治期の変更で細谷村に属しており、現在も両者の跡地は水戸市城東一丁目にある。浮新道の先にある渋田に、とき子らが収容されていた「御用屋敷」があったのだろう。

渋田には当時、数軒の武家屋敷があったというので、そのなかの一軒の長屋が「御用屋敷」だったのかもしれない。もちろん、そこが牢獄だったはずはない。町などに身柄を預けられる「預かり」という軟禁刑を受けていたのだろう。

そこでの生活で、とき子は娘のよし子に裁縫を教え、桃丸には論語などを教えていたとされる。そして、武田家の人間として恥ずかしい振る舞いをせず、斬罪になっても「刑に臨んだなら、従容としてこれにつき、悪びれた態度をとらぬはもちろん、名門武田家の子として、目をつぶって死んでくれるな、名折れであるぞよ」（『武田耕雲斎詳伝』）と訓誡していたという。

武田耕雲斎の墓（中央。敦賀市）

赤沼獄に移された翌日、とき子は子供に断食をさせた。『武田耕雲斎詳伝』によると「首を斬られたとき、飯粒が咽喉からでも出ては名折れである」との判断によるものとしているが、むしろそれは切腹の場合の配慮である。この点、同書は優れた「耕雲斎伝」ではあるが、美化が過ぎる面があることも否めないようだ。

二十五日、赤沼獄のとき子らは最期の日を迎えた。とき子の罪状書は次のようなものである。

武田伊賀　妻　と　き〈四十八歳〉

この者（の）夫伊賀儀、（中略）件の通り逆徒の張本の妻たるにより、この上糾明を遂げ付けられようもこれありといえども、用捨せしめ、牢屋敷において斬罪、吉田村場所において梟首申し付くもの也。

（『水戸幕末風雲録』）

桃丸と金吉にも罪状書が用意され、そこには耕雲斎の子供であることから、とき子と同じく斬首のうえ梟首との処分が記されていた。

耕雲斎の四女・よし子と阿久津梅は、終身禁錮を意味する永牢とされ、とき子らとともに捕らえられていた彦右衛門の妻・幾子の処分も永牢だったが、その三男で十二歳の三郎、四男で十歳の金四郎、五男で八歳の熊五郎は死罪となった。ちなみに、幾子の夫は藤田東湖の四男・藤田小四郎である。また、山国兵部と田丸稲之衛門の妻子も永牢の処分を受けている。

斬首にさいして、『水戸幕末風雲録』は「獄屋に繋ぎおれる伊賀の妻とき〈四十八歳〉に夫の首を無理に抱かしめたる上」で首を落としたとし、『史談会速記録』（三六四輯）所収の「靖国神社の沿革並びにその祭神」は「その塩漬けになった首を抱かしたということでありますが、間もなくその日に、この武田の妻らを斬罪」にしたとする。

一方は処刑時に首を抱かせ、一方は処刑前に首を抱かせたとするのだが、いずれにしても首を抱かせたことは共通している。

夫の首を抱かせるという行為は残酷な仕打ちのようでいて、実はそうではないように思われる。塩漬けにされた首とはいえ、再会など考えようもなかった夫が、自分のもとに帰ってきたのだ。死を前にして、それを抱くことができたのだ。残酷などというよりも、喜びが優るのではないだろうか。

これに対して、『武田耕雲斎詳伝』には「獄吏らは、伊賀守以下の首級を携えて来たりて、獄外からこれを見せていうよう、時は今、花見時である、汝らはこの花を見よといった」とある。獄吏は首を見せただけで、抱かせはしない。

むろん、それはそれで一つの喜びとなったかもしれないが、仮に獄吏がその首を踏みつけたり、足蹴にしたりと憎々しげに扱えば、死後も鞭打たれる夫を見て悲しみが募るはずだ。

どのエピソードが事実であったのかは不明だが、首を抱かせるという残酷性よりも、首を抱かせないことがより残酷であったとも考えることができるのではないだろうか。

斬首の順番は不明だが、子供たちが処刑されてから、とき子の斬首があったに違いない。とき子により深い悲しみを与えるには、それが当然だ。

金吉はこのとき三歳になっていたが、満年齢では二歳であり、尋常ではない緊迫感に脅えており、とき子に抱き付いて泣き出した。この様子に首斬り役は躊躇したが、立会人の町与力が「どれ己が料理してやると、金吉を引ったくり自分の膝の下に押さえつけ、短刀にて刺し殺したり」(『水戸幕末風雲録』)という。

とき子の辞世が伝わっている。

かねて身はなきと思えど山吹の　花に匂わで散るぞかなしき

赤沼獄に送られるときに詠み、護送の役人に託したものだという。

ただし、「花に匂わで」の部分は記録によって「花は匂いて」「花も匂わで」「花に匂うて」「花のかいなく」とされているが、せっかく咲いた山吹の花が、匂う間もなく散るという寂しさを詠ったものだろう。自身を詠んだものではなく、攘夷のために行動した夫が、その花の匂いを嗅ぐこともなく散ってしまったという、その無念を詠ったものに違いない。

なお、『水戸幕末風雲録』ではとき子の梟首の場所が「吉田村」とされており、吉田境橋にも刑場があったので、母子三人は赤沼で斬首のうえ吉田で梟首されたようである。

この場所は『新家政忠雑記』に、耕雲斎ら四人の首が「二十五日下町七軒町札場にて晒し、二十六日上町和泉町同断、二十七日吉田境橋、二十八日湊(那珂湊)にて晒し……」とあるように、二十七日に晒された場所でもあった。

13　川瀬太宰の妻・幸

――将軍襲撃を計画して捕らえられた夫に殉じた女

慶応元年（一八六五）五月十六日、将軍・徳川家茂は長州征伐のため江戸を発した。家茂の一行はゆっくりとした行程で東海道を進み、閏五月二十一日は近江の膳所《ぜぜ》城に宿泊の予定だったが、十九日には宿泊先が大津宿へと変更されている。

膳所藩の反幕派が将軍の宿泊を狙って、何事かを画策していることが発覚したためだ。閏五月十三日、上坂三郎右衛門という膳所藩士が会津藩士・酒井伝次の宿舎を訪れ、藩内の反幕攘夷派が密議を重ねていると報じた。

この首謀者が川瀬太宰である。

太宰は膳所藩家老・戸田五左衛門の五男として文政二年（一八一九）十二月七日に生まれ、通称を定《さだむ》といった。病弱だったためもっぱら学問の道を歩み、嘉永元年（一八四八）四月に三井寺として知られる大津園城寺の元公文所役・池田都維那《ついな》の養子となり、都維那の養女・幸《こう》と結婚した。このときに膳所の藩籍を離れ、尾花川の池田邸に暮らすこととなる。

妻の幸は彦根藩の藩医・飯島三太夫の娘で、「資性貞淑、しかも気力に富み、体貌肥大、男子を凌ぐ」(『近江人物志』)と評される。事実、それを裏付けるエピソードに、太宰が不在だったある夜、二人の盗賊が家に忍び入り、下女や下僕が恐れて身を隠したが、幸は薙刀を手に盗人に迫ると、盗賊は一太刀も交えることなく逃げ去ったというものがある。

いつのものか、幸が詠んだ書き初め和歌がある。

何事も心の底におさめ置きて　としの初めを祝うきょうかな　(『膳所藩烈士詳伝』)

凶事があったのか、あるいはささいな揉め事があったのか、いずれにしても、それらのことは心底にとどめ、新しい年を迎えたことを祝おうというものだ。

嘉永三年三月、太宰は友人で膳所藩用人の重根矢柄が、親戚で聖護院宮の諸太夫をつとめる佐々木能登守を紹介し、その勧めがあって近習役に取り立てられた。このとき、池田都維那の旧姓である川瀬を名乗り、名前を太宰と改めている。

その三年後にペリーの来航があり、全国で尊王攘夷が叫ばれるなか、安政五年(一八五八）に勅許を得ないまま幕府が日米修好通商条約を締結すると、これに憤った太宰も国事に奔走するようになった。

文久三年（一八六三）八月の政変によって反幕攘夷派の長州藩は京都を追われ、政局を公武合体派が握ると、長州藩は復権を求めて朝廷に入京を請願していたが、元治元年（一八六四）の五月には、朝廷は今後いっさいの陳情を受け付けないことを申し渡した。もちろん、幕府も認めるはずがない。

復権の道を断たれた長州藩は、それまでにも藩士や同調者を京都へ送り込んでおり、彼らが京坂に潜伏していることが発覚し、元治元年六月池田屋事件が勃発した。この報が長州に届くと反幕感情を募らせていた長州藩は、挙兵上京、武力請願を唱え、軍勢を送り込んで強引に入京し、朝廷に請願する決意を固めると、久坂玄瑞・福原越後・国司信濃・来島又兵衛・益田右衛門介らが、それぞれ軍勢を率いて京都を目指し、山崎や嵯峨に布陣するのだった。

このとき太宰は長州軍の陣営に駆けつけたが、藩兵たちは驕《おご》り、軍紀が乱れている様を目にし、このときは長州藩を見限って尾花川に帰っている。

一方、長州軍は幕府より再三にわたって撤兵を命じられたが、彼らは応じず、ついに七月十九日には御所へと向けて軍勢を進めた。激戦は蛤御門を挟んで繰り広げられ、長州藩は久坂玄瑞や来島又兵衛ほか多数の犠牲者を出して敗走する。禁門の変である。

この戦いで御所へ向けて発砲した長州藩は朝敵とされ、朝廷が幕府に長州征討を命じると、幕府は西国二十一藩に出陣を命じ、八月には前尾張藩主・徳川慶勝が征長総督に任じられ、十一月十八日が総攻撃の日と定められるのだった。

一度は見限った太宰だが、「これ長藩の存亡すなわち尊攘論の死活を決するもの、志士須《すべから》く屍を勤王の軍陣に曝すべし」（『近江人物志』）と、長州藩存亡の危機を前に、九月には聖護院宮に病気保養を名目として許可を得て、膳所藩の同志らと京都をあとにした。途中で他藩の同志と合流し、鳥取藩の家老に長州藩と連合して公武合体派の会津・薩摩両藩を排除し、朝廷に攘夷を奏請するよう願い出たが、容れられずに海路を但馬に戻った。

その後、倉敷から長州に入ろうとしたが、幕府によって長州領内への出入りは禁じられていたため、芸州の厳島で九州に向かうとの方便で船を雇い、船頭を脅して周防の三田尻（山口県防府市）に上陸した。長州藩留守居役だった乃美織江は、十月二十一日に藩庁より「三田尻まで浪士来たり、乃美へも面会致したく、また当分滞留を乞い候との事、いかがこれあるべくや」（『乃美織江覚書』）との問い合わせを受けている。この「浪士」が太宰らである。

乃美は浪士たちに面識はなかったが、「川瀬太宰、松浦一介、そのほかは京坂に罷りあり候ては、捕縛に相成るべく勤王の有志に付き、一時御国内へ御入れしかるべく候段相答え候」(『乃美織江覚書』)と記録する。乃美は太宰らが幕府に追われる反幕派であることを承知しており、彼らを「有志」として認めているのだ。

しかし、禁門の変後の長州藩は守旧派(俗論派)が台頭して藩論を変じており、太宰らは「七卿落ち」の一人で、当時は山口に滞在していた三条実美に謁見したものの、藩主・毛利敬親への謁見は許されず、やむなく帰国の途についた。

ちなみに、守旧派政府を倒すため、革新派(正義派)の高杉晋作が功山寺に挙兵したのは二カ月後のことである。

太宰は幕府の目を逃れるため甲賀《こうか》郡牛飼村の同志の家に一カ月ほど潜伏し、同志とともに長州征伐を妨害するための計画を練った。

川瀬太宰宅跡（大津市）

太宰の計画に荷担したとして捕らえられた巣内式部が、「京、大津、膳所辺の間において、将軍を討たんとの策これあるやの風聞あり。特に膳所城内に地雷を置きて将軍を討つ等の説あり」(『巣内信善遺稿』)と伝える、将軍襲撃あるいは爆殺という計画がそれだ。また、入洛した将軍が大坂に下り、その警衛のため京都の警備が疎かになった隙に、天皇を十津川へ動座し、そのうえで挙兵するという計画もあったとされる。

こうした不穏な計画があることを会津藩士・酒井伝次にもたらしたのが、膳所藩士・上坂三郎右衛門だったのである。上坂は、太宰が聖護院の西側に「樹下」という表札を出した家に潜伏していることも伝え、これを聞いた酒井はすぐさま家老に報じた。会津藩主で京都守護職の松平容保は、ただちに自藩士に樹下宅を捜索させたが、同藩士・本多四郎の十四日の日記に「昨日、樹下宅にて召し捕りもらしに相成り候河瀬太宰……」(『世話集聞記』)とあるように、太宰が不在だったために捕縛することはできなかった。

しかし翌十四日夜、公卿の家来に変装して白川越えで近江に出ようとした太宰は、雲母坂《きらら》を警備する町奉行の手によって捕らえられた。

十五日夕刻には残党狩りのため、町奉行所の与力と京都見廻組・新選組の隊士が大津へ出張している。

尾花川の川瀬宅へ踏み込んだのは数人の新選組隊士だったが、そのときの幸について『中山忠能履歴資料』は「夜子《ね》の刻過ぎに尾花川河《ママ》瀬宅へ押し入り、主人は留主(守)、家内に縄打ち掛け候えども、暫時用捨相願い、便所へ参りたき由、右家内立ち上がり自害致し候」と、用を足す振りをして自害したと伝えているが、これは事実ではない。

何よりも踏み込んだ新選組隊士によると、京都への連行を求められた幸は自若として「我ら女の事なれば、さのみ厳重の御手当にも及び申すまじく、更衣の間、少しく猶予せられよ」と着替えのための猶予を願ったのだという。家の裏には琵琶湖が広がり、逃げ道もない。この日は新暦の七月七日にあたり、障子も開いていて見通しもいい。そのため幸に猶予を与えると、奥の間に移って「箪笥を開き、衣服を取り出すと見えたるに、かねて用意やしたりけん、懐剣を抜き持ち」(『新撰組始末記』)、自身の喉を刺してしまったのである。

すでに夫の捕縛を知っていた幸は、関係する文書の類はすべて焼却しており、それらしいものは何も残っていなかったという。当然、自刃は覚悟のうえでのことである。しかし、幸はその場で死ぬことはなかった。息を引き取ったのは、翌月の二十六日のことである。

聖護院宮家より朝廷の窓口とでもいうべき武家伝奏へ提出された書面が、『野宮定功伝奏在職中記録』に記録されている。

当門御家頼　(来)

川瀬　太宰

妻　こう

右先達てより所労中、所へ御預けのところ、所労段々差し重ね、ついに養生相叶わず、今巳剋（刻）死去致し候。

—中略—

聖護院宮御内

六月二十六日　雑務法印

文中の「所へ御預け」とは「村預け」のことと思われ、自宅で治療を受けていた幸は獄中にある太宰の苦難を思って悲歎しながら、傷が癒えることなく死亡したとも、回復したものの飲食を断って衰弱死を遂げたともされる。

一方、京都の六角獄舎に投じられた太宰は翌慶応二年六月五日に死罪を申し渡され、七日に処刑された。

また、膳所藩内の太宰の同志十一人も捕らえられ、慶応元年十月二十一日に処刑されている。

太宰の辞世は「吾今死於国　素志終不伸　已矣縦容去　九泉有知人」というもので、「吾今国のために死す、素志ついに伸びず、やんぬるかな従容として去る、九泉知人あり」と読むのだろう。「九泉」は「あの世」のことで、素志を遂げることができずに死んで行くが、あの世には知人もあって恐れることはないという意味になる。

この「知人」には十一人の同志ばかりではなく、幸も加えられていたに違いない。

14 加藤司書の妻・やす

——福岡藩の藩内抗争によって切腹した夫を追って絶食死した女

公武合体派の薩摩・会津両藩が連携した文久三年(一八六三)八月十八日の政変によって、王政復古を称える長州藩を中心とする反幕攘夷派は、彼らに同調する七人の公家とともに京都を追われた。

これによって諸藩の公武合体派は勢力を拡大し、親幕的な守旧派は革新派というべき反幕派の弾圧を行うようになる。

土佐藩では「土佐勤王党」が弾圧され、盟主の武市半平太(瑞山)は同年九月に投獄され、慶応元年(一八六五)閏五月に切腹となり、四人の同志が斬首となった。

筑前福岡藩にも「筑前勤王党」と呼ばれる王政復古を称える革新派のグループがあり、彼らへも徹底した弾圧が行われ、慶応元年十月には七人が切腹、十四人が斬首、十五人が流罪を申し渡されるのだった。

このときに切腹を命じられた一人が、福岡藩の家老で筑前勤王党の盟主だった加藤司書《しし》である。

司書は天保元年（一八三〇）三月五日に福岡藩中老・加藤徳裕の長男として生まれ、幼名を三太郎、諱を徳成《のりしげ》といった。徳裕を継いだ徳蔵が実家の黒田家に復籍したため、司書は十一歳の天保十一年に家督を相続したのだが、その後は「資性剛毅豁達《かったつ》、膂力《りょりょく》絶倫、文武の道に精通し、なかんずく家芸の射礼（弓術）に長じて、馬上の剣槍術は実に藩の師範家であった」（『加藤司書公之伝』）と評されるように成長したという。

嘉永二年（一八四九）の春、司書は建部孫左衛門の末子で、天保四年三月四日生まれのやすを妻に迎えた。相思相愛の仲だったという。

嘉永三年には長女・まき、同六年には長男・堅武、万延元年（一八六〇）には次女・ちか、文久二年（一八六二）には次男・大四郎が誕生している。

司書は文久三年には側用人となって藩政に参与していたが、福岡藩主・黒田長溥《ながひろ》は公武合体派ではあるものの長州藩には同情的で、政変後の十月には自身の代理で上京した世子・長知を通じ、長州藩の処分を寛大なものにするよう朝廷と幕府に訴えた。また、長知は帰国の途上で長州藩世子の毛利元徳に面会し、朝幕への謝罪を説得している。

しかし、翌元治元年（一八六四）六月、長州藩は武装した藩兵を京都周辺に送り込むと、警備の幕府軍と睨み合いを続け、ついに七月十九日には御所へ進軍し、蛤御門や堺町御門で薩摩・会津ほかの藩兵と衝突する。禁門の変だ。長州軍は敗走し、幕府は朝敵とされた長州藩の追討令を二十三日に下すと、長州征伐のため中国・四国・九州の二十一藩に出陣の用意を命じた。

禁門の変の第一報が福岡にもたらされたのは二十五日のことで、八月一日には禁裏守衛のため司書を総大将とした五百人の藩兵が出陣する。しかし、三日になって長州藩に追討の令が下されたとの急報があり、全軍は門司港を前にした黒崎（北九州市八幡西区）より城下に戻った。

征長総督には前尾張藩主・徳川慶勝が就任し、軍勢を進めて広島に本陣を置くと、総攻撃は十一月十八日と定められる。しかし、慶勝は長州征伐を終結させることに心を配っており、征長軍参謀の薩摩藩士・西郷隆盛も同様だった。これを知った長溥は、内戦を避けるため慶勝に建白し、九月には司書の妻・やすの実兄である建部武彦らを山口に派遣すると、長州藩が謝罪するのであれば、福岡藩に周旋の用意があることを伝えさせた。

当時の長州藩は守旧派が復活しており、征長軍に抵抗する姿勢を示すことはなく、十一月十一日には降伏条件の一つである、禁門の変の責任者として三人の家老に切腹を命じ、その首級を広島に運んで征長総督府へ差し出した。ほかに、藩主父子の蟄居、山口城の破却といった降伏条件をことごとく受諾、実施したことにより、十二月二十七日には征長軍の撤兵が命じられることとなる。

この間の十一月十五日には司書が広島へおもむき、三十日には長溥の建白書を慶勝に提出していた。建白書は「最早伏（服）罪の姿相顕れ候上は、格別御寛典の御所（処）置あらせられ候儀、皇国の御為筋と存じ奉り候」と、長州藩への寛典を訴えるもので、「なお、家来の者へ申し含め候間、御不審の廉は御尋問のほど願い奉り候」（『吉川経幹周旋記』）と続けられているが、「家来の者」はもちろん司書である。

司書が帰国すると、それを待っていたかのように、出兵諸藩の代表者による会議への出席が命じられ、司書はふたたび広島へ向かった。そして、十二月五日に広島城内で開かれた会議では、強く征長軍の解兵を主張した。

もう一点、司書が尽力した問題があった。

文久三年の政変時に長州藩とともに京都を去った七人の公家があり、これを「七卿落ち」というが、うち一人は死亡し、一人は行方不明となっており、三条実美ら五人の公家、五卿が藩内に潜居していた。彼らを長州藩から引き離し、福岡藩の管理下に置くことも解兵の条件だったのだ。

これには筑前勤王党の同志である月形洗蔵らが、反対する奇兵隊などの諸隊や五卿の説得にあたり、文久三年の政変以来、長州藩の憎悪の対象となっていた西郷隆盛も出馬し、転座を拒めば解兵が困難であることを説いた。十二月二日に「筑藩今中作兵衛と申す仁、源右衛門方へ罷り越し申し分に、同藩月形洗蔵儀同道にて罷り越しおり候ところ、薩州藩大嶋吉之助（西郷隆盛）儀も跡（後）より罷り越し候間……」（『忠正公一代編年史』）と記録されるのが、その動きである。

これによって五卿も九州への渡海を決断し、彼らはのちに太宰府天満宮の延寿王院に移ることとなり、十二月二十七日の解兵指令となったのだった。

こうして長州征伐は戦火を交えることなく終結し、目論見どおりの結果に満足した長溥は、慶応元年二月には側用人だった司書や、加藤家から黒田家に復籍したため黒田姓を名乗る黒田播磨らを家老に登用した。ほかにも月形洗蔵が町方詮議役に抜擢されるなど、筑前勤王党の同志たちが藩政に進出し、司書の妻・やすの実兄である建部武彦も御用聞役として参画することとなる。

ところが、長州藩への処分が寛大に過ぎたということから、幕府内部では長州再征の論議か行われ、一方の長州藩では対幕強硬派の高杉晋作が決起し、諸隊を率いて藩庁の守旧派を倒すと「武備恭順」を唱える。表面上は恭順の姿勢を示しながら、裏では対幕戦争の準備を行うというものだ。

そうした動きのなかで、三月四日に司書は黒田播磨らとともに、長溥に建議書を提出した。建議書は藩論の基本を述べたものだが、革新派が藩政に加わったことにより守旧派との軋轢が生じ、それを解決するために藩論を統一すべきというものである。

署名があるのは播磨のみで、ほかは「家老中」とあるばかりだが、文章は司書によるものとされる。

その一節に「天幕の御厳令御遵守、皇国の御為に御輔佐あらせられ候儀、御至当の御事には候えども……」との前置きをして、「毎時幕府の御嫌疑をのみ避けられ候ては、なおも御手延びかね候間、その辺りはずいぶん御掛（駆）け引きあらせられ、御条理相立ち候儀は、強いて御頓着にも及ばれまじく……」とあるが、これは「いつまでも幕府からの嫌疑を受けることを恐れておらず、条理が立つならば、幕府のことは気にすることはない」という意味だ。さらに、「もちろん公然と討幕などの説を御取り用いなさるべきようも御座なく……」と、討幕節を掲げずとも、「御国は御大封とは申すものの、九州枢要の御国柄、有事の節は御独立遊ばされ候儀、いかが御座あるべくや」（『加藤司書公之伝』）と、有事のさいに福岡藩は独立してはどうだろうか、と投げかけている。

これを読んだ長溥は激怒したという。

公武合体派の長溥に対して、幕府を無視し、有事には独立を視野に入れてはどうか、と提言したのだ。幕藩体制にあって、一藩の「独立」などありはしない。つまりは幕府に敵対することであり、「筑前（福岡藩）征伐」を覚悟することである。

守旧派の重臣たちも非難の声をあげ、播磨や司書らは辞職を願い出たが、認められることはなかった。

もう一つ、司書たちを追い詰めた問題があった。福岡城の東方約一五キロ、宮若市にある標高五八〇メートルほどの犬鳴山に建設中だった、犬鳴御別館についての疑義である。

『見聞略記』が「当年（元治元年）に至り、鞍手郡犬啼（鳴）山に御屋形相建て申し候。右は異（国）船事立て候節、御前様方の御隠れ家なるべし」と伝えるように、外国船の攻撃があったときに、福岡城はその射程圏にあるため、砲撃が届かない犬鳴御別館に長溥を移すことを目的としていた。いわば、万一のための「隠れ家」「逃げ城」だ。

元治元年五月に犬鳴山周辺の見分が行われ、六月には黒田播磨をはじめ司書らが現地を視察し、七月から工事が開始されると、このとき建部武彦が普請引立役人に任命されている。十二月には地鎮祭、慶応元年二月には棟上げが行われ、司書はこの間にも若党をともなって、しばしば現地を訪れていたという。

この別館建設の目的を、自分たちの自由にならない長溥を幽閉するためのものと、守旧派が長溥に訴えたのである。長溥を幽閉し、その世子・長知を藩主に据え、藩論を公武合体派から王政復古派へと転換させる企てだというのだ。

長溥はこれを信じたのだろう。五月十一日、長溥は司書らを弾圧するため、彼らの動静を探索するように命じた。『従二位黒田長溥公伝』に「司書儀に付き大目附ならびに両役中へ申し談じ候廉書《かどがき》」として六項があげられ、そのうちの一つに「ただいまの勤め方にては、先々はもちろん大なる国害（を）生ずべしと、はなはだと懸念少なからず候」とある。大事への発展を懸念してのことだった。

この別館について、加納五郎氏が「福岡藩加藤司書伝の虚偽　乙丑《いっちゅう》の獄とは」（平成二十年『歴史研究』五月号）で指摘されているのだが、『若宮町誌』に掲載されている見取図に、御別館の「玄関」が描かれていない。当然、これに基づいて作製された復元模型にも玄関はない。強いていえば、濡れ縁のある四畳半がそれに該当するようなのだが、そこには式台も土間もなく、表とは雨戸で仕切られるようになっている。

「御居間」とされた床の間のある十一畳間があり、十二畳の「御次」の間、十八畳の「大溜り」が続いていることから、この「御居間」が藩主の居室とされていたことは間違いない。しかし、御別館建設の目的が避難先の確保にあったのか、守旧派が主張するように藩主の幽閉先であったのかとなると、玄関のない構造であることから、後者の指摘が正しいように思われる。

司書は、主君を文字どおりに「押込」にして、福岡藩を「挙藩勤王」「一藩勤王」の体制に変じようとしていたのかもしれない。

司書らの革新派が罷免されたのは七月十三日のことで、この日、建部武彦ら十二人が自宅軟禁とされている。二十一日には司書ら二十八人に「遠慮並びに一族預け」の命が下されたが、司書への処分は「遠慮」で、いわば自宅謹慎である。

そして、長溥は九月八日に「表に勤王正義を唱え、裏に私曲を企て、（中略）その罪軽からず……」（『従二位黒田長溥公伝』）として、二十七日を期限に処分を決するよう命じ、決定は十月九日にずれ込んだものの、司書らの罪名が決定した。

二十三日、司書は中老・隈田清左衛門邸への移転を命じられた。隈田家では六畳間を座敷牢とし、ここに司書を迎えて丁重に遇することとなる。

その移転当日の司書の談話として、「加藤司書入牢三日間の記事」（『筑紫史談』五集）に「ただ思いやらるるは豚児が事なり。他出帰邸の時、玄関式台にいで我を迎う。今夕何ぞ遅きやと、ただ我を待ちおるならん」というものが記録されている。何も知らずに父親を見送った子供たちは、今日はなぜ帰りが遅いのかと思っているだろうというのだ。

当然、司書には自分に切腹か斬首が命じられることは覚悟しており、見送る子供たちに「父にもしもの事があっても、母の命に従って、父のかねての志たる忠孝両全の道を立てよ」（『加藤司書伝』）と言い聞かせたが、これはむしろ妻のやすへ伝えたかったことであり、司書はやすに二人の息子の将来を託したのだった。

司書ら革新派の処刑は十月二十三日より始められ、この日は月形洗蔵ら十四人が斬首となり、二十四日は前藩主・黒田斉清の忌日《きにち》だったため死罪は避けられたが、二十五日には司書に「奸計を廻らし上を憚らぬ所業多く、御国体にも相拘わり、不届き至極に思し召され、これにより切腹仰せ付けらる」（『加藤司書公之伝』）と切腹が申し渡される。

切腹の場所は、現在は福岡市城南区に移転しているが、当時は博多区の上小山町（現・冷泉町）にあった天福寺である。数十人の護衛に囲まれた、網を掛けた駕籠で司書が天福寺に運ばれたのは、現在では二十六日というべき午前一時過ぎのことという。

本堂の前の広庭に設けられた切腹場で、司書は「君がため尽くす真心今日よりは　なおいやまさる武士の一念」の辞世を遺して、三十六歳の生涯を閉じた。

検分を終えた遺体は関係者に下げ渡され、加藤家の菩提寺である聖福寺の塔頭《たっちゅう》・節信院（博多区御供所町）に埋葬された。戒名は「見性院殿悟道宗心居士」という。

この日、天福寺では司書に続いて大目付・斎藤五六郎の切腹があり、安国寺（中央区天神）でも小姓頭の衣非《いび》茂記《しげき》と、やすの兄・建部武彦が切腹していた。三人とも、司書

加藤司書の墓（博多区、節信院）

と同じ罪名である。

遺体を引き取った関係者は、誰も司書の死をやすに伝えることができなかったが、元家老の切腹が世間の口に上らないはずはなく、いつしかやすの耳に届き、「かねての覚悟とは云え、いまさら亡き夫の跡を偲んでは、幾夜か仏灯の下に泣き崩れたか知れなかった」（『加藤司書公之伝』）のだという。

やすは夫に託された子供たちのため気丈に生きたことと思われるが、半年ほどすると心労からか、病の床につくようになった。回復の見込みはなく、子供たちを枕元に呼び寄せると、必ず父親のような立派な人になるようにと言い残し、子供たちを親戚に預けた。そして、その後は「附き添う誰彼がいかに勧めても、一椀の食も口にせず、哀れ三十（四）歳を一期として、夫の後を追って逝去した」（『加藤司書伝』）のだった。

司書の死から七カ月後の慶応二年五月二十八日のことである。

やすは節信院の司書の墓の傍らに眠っており、戒名を「心鏡院殿本然妙有大姉」という。

なお、犬鳴御別館の工事は慶応元年十月に中止された。

15
落合孫右衛門の妻・ハナ
――幕府による薩摩藩邸焼き討ち事件で死亡した女

慶応三年（一八六七）十月十四日、将軍・徳川慶喜は政権返上を朝廷に上奏した。翌日、朝廷は勅許し、ここに大政奉還が実現する。これに先立つ十三日には薩摩藩へ、十四日には長州藩へ慶喜追討を命じる「討幕の密勅」が下されていたが、大政奉還によって討つべき「幕府」が消滅してしまうこととなる。

しかし、前年一月に敵対関係にあった長州藩との和解を果たし、討幕路線を突き進んでいた薩摩藩士・西郷隆盛らは密勅降下の工作ばかりではなく、討幕戦の実現のための布石を打っていた。

西郷は十月上旬に自藩士の伊牟田尚平と益満休之助、それに討幕派浪士の相楽《さがら》総三を江戸に送り込み、三田の薩摩藩邸に浪士たちを集めさせると、彼らに強盗や放火という犯罪行為を働かせていたのである。

相楽総三の同志だった落合直亮は「伊牟田、益満の両人が初めて（江戸に）出たは早い様子でありますが、一体の始めは十月の始めであります。それから十月十日頃から集まりましたのであります」とし、「集まッた人数はシッカリは分かりませぬが、名前の知れたのを集めましたが、二百二十四名分かッております。（中略）総体、集まッた人は五百人たらずと覚えております」（『史談会速記録』一五輯）と語っている。

その結果、市中は「江戸表にても諸浪士数々、薩摩の芝上屋敷へ集まり隊を結び、夜に乗じて富商を掠奪し、乱暴はなはだし。よって江戸白中（昼）戸を鎖すに至る」（『寺村左膳道成日記』）というような状況に陥っていた。彼らの目的は幕府を挑発して武力衝突を引き起こすことにあり、それを事実上の開戦とし、全面的な戦闘へと持ち込もうとしていたのである。

江戸町奉行の記録にも「慶応三年十月の頃より江戸市中強盗富豪の家に侵入、江戸府内を騒がせたれば、市尹《しいん》（町奉行）にてもその出所を捜索せしに、この七、八あるいは十人余の盗（人）は三田薩州邸より出でると分かりたれども、如何せんこの頃の町方与力・同心等は皆軟弱の輩のみにて、この盗を捕縛するに躊躇せしかば……」（『徳川慶喜公伝史料編』）として、庄内藩主・酒井忠篤に市中警備が命じられたことを記している。もっとも、庄内藩は文久三年より市中警備の任にあったので、正しくは警備の強化を命じたことになる。

京都で会津藩が新選組を配下にしていたように、庄内藩には新徴組が付属していた。新徴組の前身は、文久三年に清河八郎の策謀によって結成された浪士組で、四月に清河が暗殺されると再編され、元治元年（一八六四）に幕府より庄内藩に預けられたもので、いわば「江戸の新選組」である。

決定的な事件が起きたのは十二月二十二日の夜のことだった。

庄内藩士と新徴組は近くに臨時の詰所を置いて薩摩藩邸を監視していたが、新徴組の一隊が夜間巡察を終えて詰所に戻ってきたところへ、銃弾が撃ち込まれたのである。近くの薩摩藩邸の門前で射撃し、ただちに門内に逃げ込んだようで犯人を目撃することはできなかった。

その夜には江戸城が放火されていた。

火の手があがったのは二十三日のことで、『続徳川実紀』は「今暁七ッ半過ぎ、二丸御広敷長局辺より出火、追々焼け募り候に付き……」と伝えるのみだが、「伊牟田などが団炭《ママ》（炭団）を風呂敷に包みて塀を越えて這入《はい》って、本丸の玄関の畳を毀《こわ》して、その下に団炭を入れて点けたと云うことに聞きますが」（『史談会速記録』一五輯）とあるように、伊牟田尚平らによるものだった。

さらに、二十三日の夜には庄内藩士の詰所にも銃撃があり、薩摩藩邸へ逃げ込む犯人の姿が目撃された。これによって市中に混乱をもたらしていたのが、薩摩藩邸に集まる浪士らであることが確定し、幕閣は二十四日に庄内藩の家老を召して浪士の捕縛を命じるとともに、上山・岩槻・鯖江の三藩にその加勢を下命する。

二十五日の明け方、庄内藩は支藩の出羽松山藩とともに出動すると、薩摩藩邸の表門のある北面と、東西両面の三面に布陣し、上山・岩槻・鯖江の三藩は裏門のある南面を固めた。新徴組が奥詰銃隊とともに向かったのは、やはり浪士が潜居している恐れのある、三〇〇メートルほど西側にある支藩の佐土原藩邸だった。

浪士引き渡しの交渉は不調に終わり、午前七時ごろには庄内藩の大砲の音が響いた。庄内藩の『御徒小頭御用記』によると、「三田西北角倉門手前にて大砲一発相発せさせ、引き続き大小砲焼き玉打ち込み、右相図にて追々屋敷取り包み候諸手繰り込み……」との展開で、浪士側の立場による落合直文の『しら雪物語』は「やがて地を動かして起これるものは、大小砲の響き。気早の浪士は、はや、いりみだれて戦うめり。斬り結ぶ太刀音、かけあう矢声、門前はまたたくひまに屍の山を築きけり」と伝えている。乱戦である。

間もなく藩邸は燃え上がり、芝の町々にも火の手が広がった。

当時、藩邸内にいた二百人ほどの浪士は、正面からの攻撃に対して裏門からの逃走を試みた。その結果、裏門口が激戦の場となり、警戒していた上山藩に八人、鯖江藩に三人の犠牲者が出たが、正面方面の庄内藩の犠牲者はわずか一人に過ぎなかった。

対する薩摩藩邸側では、庄内藩が討ち取り十八人、捕縛七十五人、出羽松山藩は討ち取り九人、捕縛十六人、上山藩は討ち取り十二人と記録している。薩摩藩士と浪士を合わせて、三十九人が殺害されたことになり、捕縛者については五十五人とされ、ほかに「子供三人、下女二人、中間十七人」（『雑書集』ほか）があったとする記録もある。

しかし、『幕末維新全殉難者名鑑』によると、焼き討ち事件のさいの「藩邸で戦死」とされるのは薩摩藩が六十一人、浪士が十二人である。このうち薩摩藩の三十一人の墓碑が大円寺に建立されている。墓碑は十七基あるが、そのうちの二基は連名墓である。

大円寺は慶長八年（一六〇三）に赤坂溜池に創建され、寛永十八年（一六四一）に芝の伊皿子台町（港区三田）に移転し、延宝元年（一六七三）には薩摩藩主・島津光久の世子が江戸で死亡したときに葬儀が執り行われた。それ以来、島津家の江戸の菩提寺とされた寺院で、明治四十一年（一九〇八）に東京都杉並区和泉に移転して現在に至っている。

その墓域に、正面に「落合孫右衛門妻墓」、側面に「実相貞心大姉」の戒名が刻まれている墓碑がある。落合孫右衛門の妻・ハナのものだ。

落合孫右衛門は薩摩藩の表小姓をつとめた人物で、焼き討ち事件で戦死したとされているが、同時に妻のハナも戦死したのだという。夫婦ともに享年は不明である。

昭和五十三年（一九七八）刊行の『江戸女百花譜』はハナの最期について、戦いが始

落合孫右衛門の妻・ハナの墓
（杉並区、大円寺）

まり「哨煙の中を喚声をあげ、なだれうって突入する幕兵めがけて、落合ナハ（ママ）は白鉢巻に襷《たすき》姿で刀を取り、夫と互いに励まし合いながら応戦したが、砲弾に射抜かれて燃え狂う薩邸とともに果てた」としている。

また、昭和五十八年の刊行の『靖国神社百年史』も「江戸警備の庄内藩兵が三田の薩摩・佐土原両藩邸を囲んでこれを焼き討ちした際、夫孫右衛門とともに防戦に努め、衆寡敵せず殪《たお》れた」としているのだが、これらの記述は、おそらく大正十五年（昭和元年）に発行された『史談会速記録』（三六二輯）での、次の発言が発展されたものと思われる。

落合孫右衛門の妻で、これは鹿児島藩で、かの慶応三年十二月末に三田鹿児島藩邸の焼き討ちとかいうことがあった。その時分、孫右衛門およびこの妻は、ともにあの邸内におりまして、庄内その他三藩の襲撃を受けた際に、遂にその戦争で死にましたが、この落合孫右衛門夫婦ともに祭神となっております。

この「祭神」とは靖国神社に祀られたことを意味しており、事実、明治二十四年の第二十回合祀でハナは維新前後の殉難者千二百七十七人の一人として祀られている。

このとき大円寺に墓碑のある三十一人のうち、何か手違いがあったのか、二人だけが合祀されていない。また、墓碑のない三十人のうちの九人が合祀されており、結果的に焼き討ち事件の犠牲者は三十八人が合祀されたことになる。

ハナが祭神とされたのは事件によって死亡した殉難者だったためだが、果たして「白鉢巻に襷姿」で戦ったことや、「防戦に努め」たことは事実なのだろうか。そうでなくとも、ただ藩邸内で事件に巻き込まれて死亡しただけでも、やはり「殉難者」であるはずだ。

明治三十一年に刊行された『西郷隆盛一代記』に興味深い記述があった。幕府側の兵士が、事件後に藩邸内に足を踏み入れたときのものだ。

式台に上がり、それより奥の方に入りたるに、一向（に）人の気配なく、なお進んで畳廊下のところに出で、そこの障子を披き見れば三人の武士、布団を被り打ち臥し、枕元には血刀を擲《な》げ出だしあり。布団を披き見るに三人とも腹十文字に掻き切りて打ち伏しいたるなり。その死に様の見事なる、さすがは薩州の武士なりと、いずれも感嘆せしが……

藩邸内の一室で三人の武士が切腹していたというのだ。これは事実である。同時代の記録の一節がそれを裏付けている。

留守居組足軽小頭大崎庄八、同米次郎、同音松、娘一人、悪党の類にこれなきところ、生け捕られ候ては恥辱の由にて逊（逃）げ去らず、四人一同自殺致し……

（『田中権右衛門上書』）

自殺した武士は大崎庄八・大崎米次郎・大崎音松の三人とするが、庄八・米次郎の墓は大円寺にあるものの、音松の墓はない。しかし、「音松」ではなく、大崎猪之助であれば大円寺に墓碑があり、庄八・米次郎とともに靖国神社に合祀されている。音松は猪之助の誤認と考えて間違いないだろう。

ただし、三人とも享年が不明のため、その関係を推測することは難しいのだが、「足軽小頭」とされる庄八は附士、米次郎は中小姓、猪之助は足軽の身分だった。このことから、三人を親子・兄弟とするよりも、縁戚関係にあったものとするべきだろう。

この三人のほかに「娘一人」がいたという。「娘」というのだから、三人のうちの誰かの子供だった可能性があり、当時、娘が他家に嫁いでいたとすればどうだろうか。「同娘」とされていないのも当然である。結婚前は「大崎ハナ」であったとしても、結婚後は落合孫右衛門の妻のハナなのだ。

藩邸で「戦死」とされた女は、ハナ一人だ。ならば、この「娘」とは落合孫右衛門に嫁いでいた、ハナを指しているのではないだろうか。

『田中権右衛門上書』は「生け捕られ候ては耻辱」と自殺の理由が記されており、その現場には簡単ではあっても、その旨を記した遺書があった可能性は否定できない。だからこそ三人の名前が判明したのだろう。

では、ハナもみずからの命を絶ったのだろうか。

実は、ハナの墓石の正面には没年月日が「慶応四年戊辰」「二月朔日」と二行に刻まれている。つまり、事件当日に死亡したのではなく、翌年二月一日に息を引き取っていたのである。

自殺をはかったものの死にきれずにいたのか、自殺をする前に流れ弾に当たって負傷したのか、いずれにしても傷ついたハナは幕府側に捕らえられ、獄中にあったか、治療のため釈放されていたのか、ついに回復することなく死亡したようである。

戦って死ぬことだけが戦死ではない。捕縛されることや、処刑されることを嫌い、戦場でみずから命を絶つことも、戦場にあって受傷し、それによって死に至ることも「戦死」に違いない。

あるいは、前出の『雑書集』ほかが伝える「下女一人」がハナだったのかもしれない。ハナの辞世とされる和歌がある。

おおきみ（大君）と　くに（国）のみため（御為）にすててこそ
　いのちかい（命甲斐）あるやまとなでしこ

ハナが死におもむく病床で詠んだものかもしれないが、あるいは誰かがハナに捧げた弔歌だったのではないだろうか。

16 山内豊福の妻・典姫

――宗家の板挟みとなって切腹した夫と運命をともにした女

土佐の高知新田藩は土佐山内家の分家を相続した山内豊産《とよただ》が、安永九年（一七八〇）に第九代土佐藩主・山内豊雍《とよちか》の所領より一万石を給されたことにより、旧領の三千石と併せて立藩された。

高知新田藩の第五代藩主・山内豊福《とよよし》は、第十代土佐藩主・山内豊策《とよかず》の七男で、秋月藩主・黒田長韶《ながつぐ》の養子となった黒田長元《ながもと》の次男として、天保七年（一八三六）五月に誕生したが、第四代藩主・山内豊賢《とよかた》の子供たちが早世したため、嘉永六年（一八五三）豊賢の養子となり、安政三年（一八五六）に家督を相続する。

高知新田藩の藩庁は高知城内にあり、藩主は江戸定府だった。その藩邸は麻布の古川に架かる三之橋の近くにあったため、「麻布様」と俗称されていた。

豊福は「容貌温和、志気剛健、早くから馭馬《ぎょば》、剣槍の技を習伝し、ことに洋学を嗜み、兵制は洋式を採用して、自ら家士の調練に従う」（『麻布家勤王譚』）ほどであり、豊福の死後のことではあるが、戊辰戦争に出陣した同藩の斎武隊が、宗家の土佐藩の精鋭部隊に一歩も譲らなかったのは、そのためだったとされる。

同じく一之橋の近くには出羽上山《でわかみのやま》藩の藩邸があり、豊福はそこで天保十二年に生まれた、藩主・松平信宝《のぶみち》の長女・典《つね》を妻に迎える。『山内豊福系譜』は結婚を安政元年九月のこととするが、旧上山藩士・堤和保の「山内摂津守豊福朝臣令室松平典の方略伝」（『旧幕府』二巻三号）には安政四年十一月、高知新田藩の『山内家譜』には安政五年九月とあって判然としない。

典は幼名を詮《せん》といい、「山内摂津守豊福朝臣令室松平典の方略伝」は「資性温和にして孝順、やや長ずるに及びて、およそ婦人の嗜むべき道は、何くれとなくよく通暁せざるなし」と評している。

もっとも、同じ旧上山藩士・増戸武平の談話によると、「屋敷におられた頃は一通りの御姫様で、深い教育のあった訳でもございませず……」（『史談会速記録』一四八輯）とのことだ。格別に秀でたところはないものの、藩主の娘としての一般的な教養は備えていたということなのだろう。

また、「居常風雅を好み、詠ずるところの和歌少なからざれども、謙遜他に示すことをなさず、故に伝うるものなし」（「山内摂津守豊福朝臣令室松平典の方略伝」）という。

豊福と典のあいだには、文久二年（一八六二）一月二十九日に長女・邦が、次いで元治元年（一八六四）六月十一日には次女・豊が生まれ、二人は仲睦まじく日々を送っていたが、時勢は波乱を含んで変転しており、さらに変転を続けることとなる。

嘉永六年（一八五三）のペリー来航に始まった「幕末」という時代は、安政の大獄・桜田門外の変・文久三年八月の政変・禁門の変・長州征伐・薩長和解・長州再征戦という局面を経て、慶応三年（一八六七）六月には土佐藩が幕府に大政奉還の建白を行った。大政奉還は徳川家独裁で行っていた政治体制を、幕府が朝廷に政権を返上し、徳川家を含む有力諸藩による公議政体に転換するというものであり、薩摩藩をはじめとする討幕派は、幕府が受諾するはずはないと踏んでいた。しかし、返上後も将軍・徳川慶喜は自分が公議政体の盟主となり、本質的には政権を握り続けることが可能であるとの判断によって、十月十四日には大政奉還を上奏し、朝廷も翌日にはこれを勅許するのだった。当時の土佐藩の藩主は山内豊範《とよのり》だったが、その実権は前藩主・山内容堂（豊信《とよしげ》）が握っていた。

革新派だった容堂は、幕府大老・井伊直弼の安政の大獄によって隠居・謹慎を命じられると、藩主の座を豊範に譲ったものの、その後も藩政を動かしている。当然、大政奉還の建白も容堂の承認があってのことであり、公議政体を築くことができれば、慶喜が盟主となることに異論はなかった。

容堂は薩摩藩を中心とする勢力が目論む、武力で幕府を討つという「討幕」ではなく、旧来の政治体制を倒すという意味での「倒幕」を求めていたのである。そして、それが土佐の藩論だった。

政権を返上されても朝廷には国家の運営能力はなく、徳川家に外交と国内の重大問題を除く権限を託さざるをえなかった。しかも、徳川家の所領はそのままであり、現実には「大政奉還」は機能していなかったのである。そこで、薩摩藩の西郷隆盛や大久保利通、公家の岩倉具視らの討幕派は、反幕攘夷派の長州藩を駆逐した文久三年八月の政変に倣い、徳川家と親幕諸藩を排斥するためのクーデターを計画した。それが天皇親政を宣言する「王政復古」である。

十二月八日の午後から夜を徹しての朝議が行われ、長州藩主父子の官位復旧と入京の許可、討幕派の岩倉具視ら処分中の公家の復権と赦免などが決定され、九日の朝には散会となった。しかし、それと同時に薩摩・尾張・福井・芸州・土佐の藩兵が御所外周九門を封鎖し、親幕派の公家の参内が禁じられる。そして、赦免された岩倉具視らが参内して王政復古を発令し、旧制を廃して総裁・議定・参与の三職による新政府が樹立されるのだった。

上京を命じられていた容堂が京都に着いたのは八日の夕方であり、容堂が翌日正午に参内したときには、すべてが決していた。

その夜、天皇の臨席のもとで三職会議が開かれ、議定に選任されていた容堂はその席で、「内府、英名の名は既に天下に聞こゆ。宜しくこれをして朝議に参預し意見を開陳せしむべし」（『徳川慶喜公伝』）と、徳川慶喜の召集を求めた。同席していた福井の松平春嶽も同調したが、聞き入れられるはずもなかった。土佐藩は徳川家康より藩祖・山内一豊が領地を与えられたことに始まり、福井藩は徳川家の親藩であり、ともに徳川家を蔑ろにすることができなかったのだが、だからこそ、彼らの意見は受け入れられなかったのである。

朝議は紛糾したまま休憩となり、御所の北側にある相国寺に控えていた西郷隆盛は「容堂等極力反対す。これに処するいかがかと」と問われると、「西郷自若として、ただ短刀一本あれば足ると答う」（『維新土佐勤王史』）と強い姿勢を示した。これが岩倉から芸州藩に伝えられ、それを聞いた土佐藩は態度を改め、再開された朝議では、岩倉具視が提議していた慶喜の辞官・納地に反対論はなく、夜半になって朝議は散会となった。

容堂は翌日の参内を取りやめ、十二日には公議政体の早期確立を望む意見書を提出したが、この日、慶喜は幕臣と会津・桑名などの親幕派を率いて、討幕派との無用な衝突を避けるために大坂へ下った。

その後も辞官・納地を巡って朝議は議論を闘わせていたが、二十八日に決定的な知らせが大坂に届いた。この二十五日に勃発した、江戸三田の薩摩藩邸焼き討ち事件の第一報である。城中には「関東の形勢、討薩のやむべからざるを切論せしかば、旗本の諸隊・会桑二藩の悲憤やる方なく、上下をこぞりて挙兵を公に迫れり」(『徳川慶喜公伝』)と、主戦論が繰り広げられる。

そして、西郷は「今や薩州も徳川も同じく朝廷の臣下なるに、幕府が私に薩州邸を焼き討ちにせしは、これ自ら事を起こせしものなり。幕府の罪、責めざるべからず」(『西郷隆盛一代記』)と、計画どおりに開戦の機会が訪れたことに満足した。

こうして翌年一月三日に鳥羽・伏見の戦いが勃発する。

このとき土佐藩では討幕を唱える藩士が自発的に出陣していたが、容堂はこの戦いを薩長両藩と徳川家・会津藩・桑名藩の「私戦」ととらえており、彼らに戦闘を禁じていた。

出陣していた長州藩士が、土佐藩兵を「アノ方は敵のおらぬ方ばかりへ往くから、(中略)敵のおる方へ出してくれ、ということだった」(『維新戦役実歴談』)と評しているとおりだ。そのため、彼らは伏見から間道を伝って京都に進む会津藩の大砲隊に遭遇すると、「願わくは、路を他に取るべし」(『結草録』)と自陣の通行は認めなかったものの、別ルートでの進軍を許し、その結果、大砲隊は伏見の薩摩藩邸に到達し、屋敷に火を放つことに成功している。彼らは後続部隊がないため伏見に戻ったのだが、そうでなければ、市中で戦闘が展開されたはずである。

その夜、伏見の戦況を視察した西郷隆盛は、京都の大久保利通に対して「明日は錦旗を押し立て、東寺に本陣をお据え下され候えば、一倍官軍の勢いを増し候事に御座候」と、「錦旗」こと錦の御旗の出馬を要請している。新政府はこれを受けて、仁和寺宮嘉彰親王が征討将軍となって錦旗を掲げ、四日正午に本営の東寺に入った。

三日の戦いでは出兵を辞退していた芸州藩兵がこれに従っていたように、天皇の軍である「官軍」を意味する錦旗の威力は絶大であり、鳥羽・伏見の戦いを「私戦」としていた山内容堂も、ついに参戦へと踏み切るのだった。

戦いは四日、五日と続けられ、六日の橋本の戦いでは旧幕軍が友軍と信じていた、淀川対岸の山崎を守備する津藩兵より砲撃を浴びせられ、ついに全軍は大坂へと敗走する。それまで旗幟《きし》を明らかにしていなかった津藩の判断も、戦場に錦旗が翻り、陣営へおもむいた錦旗奉行が決断を迫ったためのものだった。

その六日深夜、大坂城の慶喜は松平容保・松平定敬《さだあき》のほか、数人の幕閣とともに城を脱していた。慶喜の一行は天保山沖に碇泊する旧幕艦に乗り込むと、八日夜に出航して十一日に品川沖へ到着し、翌日の昼前に江戸城西ノ丸へ入った。

この間、総大将というべき慶喜を失った旧幕軍は解兵され、彼らはそれぞれの国許へ向かい、大坂城は新政府軍に占領させることとなる。

江戸では慶喜が戻った当日に総登城が命じられ、「正月十二日即日総御登城、麻布様夜五ッ過ぎ御登城、御帰座夜半過ぎ」(『柏葉余翰』)と、「麻布様」こと山内豊福も登城し、深夜になって帰邸したことが記録されている。

この登城時のことと思われるが、前出の増戸武平の談話に「山内侯がかつて殿中においてある閣老にお会いの時に、近頃朝廷と幕府との間に種々の議論があるように承っておりまするが、私の家は徳川家より格別の御恩を受けておるのみならず、当将軍家が朝廷に対させらるるところの礼儀上、別に欠点あるものとも認めませぬ。故に私はできうる限り、徳川家に忠義を尽くし、決して叛《そむ》くようなことは致しませぬと言われた様子である」（『史談会速記録』一四八輯）というものがある。

これについて高知新田藩の『麻布家勤王譚』は、慶喜の立場に同情する幕臣の薩長への攻撃に同調せざるをえなかったと推測し、「一説には」として、慶喜自身が再挙を宣言し、それに従ったためとも、「他の説では」として、老中より容堂の新政府での周旋の失敗を責められたためともしている。

いずれにせよ、豊福は徳川家に忠義を尽くすことを約束したのである。本藩である土佐藩は豊福の知る限り、討幕に反対しており、支藩の高知新田藩としては徳川家の側に立つのは当然のことだった。

しかし、その夜になって帰邸すると、状況は一変していた。

錦旗が掲げられたことによって態度を変じた容堂からの指令が、豊福のもとへ届けられていたのである。それは豊福に、速やかに江戸を引き払い、本藩と行動をともにせよと命じるものであった。本藩の命令に支藩が背くことはできない。

翌十三日、豊福は当番のためやむなく登城し、「御帰座の上、御用人堀越忠三郎召し出され……」と、用人に板挟みの状態に陥った苦衷《くちゆう》を告げ、「再び四ッ過ぎ頃、御留守居役金子友之丞、大目付黒田主馬之助、右両人召し出し達し」(『柏葉余翰』)と、留守居役と大目付にも胸のうちを伝えた。

彼らは切腹をほのめかす豊福に短慮を諫《いさ》め、小藩が独立して事を起こすことは不可能であるから、「大義のためには臨機応変、一時を忍んで官軍の東下を待ち、去就を宗家に属すべき旨を切論」(『麻布家勤王譚』)し、豊福も納得したかのように彼らを退出させている。

先の増戸武平の談話には「御家老の某が固くお止め申したが、御安心なさらぬ様子であるから深更に至るまで、なお懇々と御異見を申し上げたところ、そういう訳であらば篤《とく》と考えた上に、なお相談しようと言われて引き込まれた」とある。

しかし、その夜、豊福は寝所で腹を切った。

『柏葉余翰』に「十四日朝、御目覚めの節、御書き置き拝見」とあるが、「御書き置き」とは豊福の遺書のことだ。その遺書中には「上屋敷(本藩)へ対し奉り極々不都合の次第これあり、かつ拙者身分相立ち申さず故、はやまり候ようにはこれあり候えども、よんどころなく切腹いたし申し候」(『麻布家勤王譚』)との一節がある。

まさに進退谷《きわ》まった豊福にとって、唯一の選択肢だったのである。

豊福は典にこれまでの経緯と、その覚悟を伝えた。それを聞いて典はすべてを察し、夫に従うことを決心したのだろう。

翌朝、豊福の寝所で豊福の遺体が、典の寝所で布団を被った典の遺体が発見された。典は声が漏れないよう、布団を被って喉を突いていたという。

一般に二人は十四日に死亡したものとされているが、十三日の夜が明ける前に命を絶ったに違いない。

豊福同様、典の遺書もあった。父親の松平信宝がすでに隠居していたため、宛先は典の弟で、当時の上山藩主・松平信庸《のぶつね》だが、内容は父親に向けたものである。次のような解読文が『上山市史』に掲載されている。


心から未練の御事申し上げ候ように候えども、大恩うけ候御父上様にさき立ち　この世の残りはかなき道にまじわり、さぞさぞにく(憎)き子と思し召し、あまりたんき(短気)の事に候えども、日ごろ夫と心むつましく暮らしおり、何事も御座なく、たがいに老人となり候ても、いずくの土地にてもはな(離)れ申さざるよう致したく存じおり候ところ、ふとまちが(間違)い出来、はかなきことに参り、あとあと子供両人お（置）きまいり、私事も当惑致し、今ともどもまえ（参）り候は、道ちがいに候えども、跡にのこり思い出し候ても、くやしく候間、子供両人は誠に誠にふびん（不憫）にて、心にかかり候えども、一旦約束申し候ては、私事も武士の子ども故、みれん（未練）の事に候ても、これは御約束致し、ともにまえ（参）り申さず候も残念故、外に出で候ては、まず夫方につきまえ（参）り候は当然と存じ候間、誠に誠に親の御恩を忘れ、思し召しのところ恐れ入り候えども、御あきらめいただきたく、くれぐれも書き残しまえ（参）らせ候。

先立つ不孝を詫び、夫との愛を伝え、邦と豊の二人の娘を残さざるをえない苦衷を訴えながらも、武士の妻としてこれ以外に道がないことに理解を求める文面である。後段では借用した二十両の返済ができていないことを謝し、重ねて子供たちの行く末を託している。

右そなた様へいずれ知らせまえ（参）り候わば、その節私（の）娘、どうぞどうぞ御ひき取り、私と思し召し御世話いただきたく、一生重々願い奉り候。この場に相成り候は誠に誠に夢のごとくに候まま、心なきところを御あきらめ下さるべく候。なお、金子二十両も拝借致しおき、返上もできかね一生の御暇申し、この儀方重々恐れ入り、御わびまで申し残し参らせ候。くれぐれも子供案じ候間、何分よろしく願いの通り御取りあげ願い奉り、重々御名残お（惜）しき事に候。恐れ入りまえ（参）らせ候。かしく。

伊豆守（信庸）様御前

よろしく願い候

藩主夫妻の突然の死に藩邸は狼狽したが、二人の死亡は内密にされた。そして、豊福の遺書に「この上は薫に早々家（を）つがせ申すべく候。拙者義（儀）は病気に致すべく候」（『柏葉余翰』）とあるように、豊福を病気と偽って時間を稼いだ。

豊福が後継に指名した「薫」は、第四代藩主・豊賢の次弟の長男で、願いどおり六月に豊福の養子として認められ、七月に豊福の死去が届けられると九月に家督の相続が許されることとなる。これが第六代藩主・山内豊誠《とよしげ》である。

典が案じていた二人の娘は、長女の邦は明治十二年（一八七九）に元三春藩主で、のちに子爵となる秋田映季《あきすえ》に嫁ぎ、離婚後に元柳川藩・立花鏡寛《あきとも》の次男・寛治《ともはる》と再婚し、次女の豊は明治十三年に元信州上田藩主で当時の伯爵・松平忠礼《ただなり》に嫁ぐこととなる。

死を秘密とされた豊福と典の遺体は、しばらく葬儀を行うことができずに藩邸に安置され、豊福の死亡が届けられてから、高知新田藩山内家の菩提寺である曹渓寺（港区南麻布）に埋葬された。

『続維新の女』によると、昭和十三年（一九三八）ごろに曹渓寺の墓地を一つにまとめることになり、邦の孫にあたる二十代の女性もその場に立ち会ったそうである。そのとき、豊福と典を収めた二つの甕棺《かめかん》が掘り出されると、なかには水が溜まり、布のようなものが浮かんでいたが、遺体は甕の底にあって見ることはできず、そのまま火葬にされたという。

このときに一つにまとめられたのが、現在も曹渓寺にある「山内家累代之墓」である。なお、豊福は帰国後に病死したこととされ、高知市旭天神町の水道山に墓碑が建立されている。

典姫が眠る山内家の墓（港区、曹渓寺）

17 相楽総三の妻・てる

――赤報隊を率いて「偽官軍」として処刑された夫の遺髪の前で自刃した女

慶応四年（一八六八）三月三日、赤報隊を率いる相楽総三は「偽官軍」として、信州下諏訪の地で処刑された。

相楽総三の本名は小島四郎という。初名は四郎左衛門だったが、のちに「左衛門」を捨てて四郎と名乗った。諱は将満《まさみつ》といったが、相楽総三としての諱は武振《たけふる》と称していた。

総三の父親は下総相馬郡椚木《くぬぎ》新田村（茨城県取手市藤代）の郷士・小島兵馬といい、母親をやすという。小島家は兵馬の代に厖大な産をなし、江戸赤坂の三分坂下（港区赤坂）にある旗本・酒井錦之助の屋敷の近くに広大な土地を求め、そこに移り住んだのだが、その敷地に幾棟かの家屋が建てられていたという。

近江屋板『江戸切絵図』の嘉永七年（一八五四）「赤坂今井辺絵図」に「酒井鐘之助」の家が描かれているが、これは錦之助の兄の名前である。錦之助が幕府に提出した『明細短冊』に鐘之助は「養父」とされているが、「実は兄」と注記されていることから、家督相続の関係で錦之助が兄の鐘之助の養子となっていたことがわかる。また、尾張屋板『江戸切絵図』の慶応元年（一八六五）「今井谷市兵衛町赤坂全図」には、同家は「酒井小平治」とされているのだが、これは鐘之助と錦之助の父親と同じ名前であり、錦之助が当時は養祖父であり、父親でもある小平治の名前を継いでいたことを示している。

この三分坂下の家で総三が誕生したのは天保十一年（一八四〇）のことで、四男二女の末子である。長男は早世、次男と長女は安政五年（一八五八）に死亡、三男は他家の養子となり、次女は木村家に嫁ぎ、四男の総三は小島家の跡取り息子として育てられた。旧館林藩士・岡谷繁実によると、「相楽という者は至って小兵な男で、痘痕が少しあった」（『史談会速記録』一四五輯）とのことで、文武ともに秀でていたが、特に兵学と国学に長じ、二十歳のときには双方を講じて、百人もの門人があったという。

文久元年（一八六一）、総三は父親から五千両を用立ててもらうと、門人を置いて旅立った。帰宅は翌年のことで、総三は秋田へ行っていたと語ったが、実際はそうではない。前年に守旧派の老中・井伊直弼を暗殺する桜田門外の変があり、反幕の機運が高まっていた。総三もその例外ではなく、朝廷を軽んじる幕府に向ける目は厳しかった。

総三が運んだ五千両は、赤城山（群馬県）で討幕の挙兵を計画していた、儒者・桃井可堂の天朝組への軍資金だったとされる。可堂は新田氏の後裔《こうえい》である岩松満次郎（新田俊純）を盟主に仰ぎ、赤城山での挙兵、横浜の外国人居留地の襲撃を計画していたが、岩松は動かず、ついには幕府へ自訴するのだが、その自訴状中に可堂が軍用金として「同志の内、豪家どもより差し当たり三千金（両）も取り寄せ……」（『坤儀革正録』）とある。総三が持ち出した五千両という金額はともかく、この「三千金」のなかには、総三の拠出分も相当に含まれていたものと思われる。

すでに総三は、草莽《そうもう》として国事に奔走する意思を固めていたのである。現に、文久三年十月には「速やかに御拒絶遊ばされしかるべき（と）存じ奉り候」（『山形藩水野家文書』）と、鎖港を訴える上書を提出し、また、元治元年（一八五四）三月に水戸の天狗連が筑波山に挙兵すると、一時的に行動をともにしている。しかし、彼らは反幕活動よりも藩内抗争に力を注いでいたため、総三は「（挙兵した）藤田小四郎らの策が、徹底を欠いているので、山を下って去られたのだそうだ」（『相楽総三とその同志』）との同志による談話が伝わる。

父親の兵馬は、国事に奔走する息子を江戸に引き止めておくため、妻帯させることを考えた。妻を娶り、さらに子供が生まれれば国事ばかりではなく、家庭も顧みるようになり、態度も変わるはずだ。その結果、兵馬が見出したのが松江藩士の渡辺某の娘・てるだった。弘化三年（一八四六）の生まれで、美人だったと伝わる。

『相楽総三とその同志』は、総三とてるの結婚を慶応元年（一八六五）としているが、

「小島家・木村家過去帳写」には元治元年（一八六四）十月二十五日に死亡した「彗玉童子」という幼児が、総三の長男として記録されている。したがって、結婚は文久三年以前のことであり、おそらくは総三が二十四歳、てるが十八歳の文久三年に結婚し、子供は早世してしまったのだろう。

つまり、総三は妻帯しようが、妻が懐妊しようが、国事への思いを鎮めることはできなかったのである。

総三の同志だった落合直亮は「これは至って精神家で、胆力もあり、まず凡人ではなかったのでござります」（『史談会速記録』一五輯）と、前出の岡谷繁実は「性質は気が逸り立ちて、まず壮士の頭と言っても少しも恥じない男であります」（『史談会速記録』一四五輯）と評しているが、その言葉どおりの人物であったようだ。

翌慶応元年に男児が誕生しているが、『相楽総三とその同志』によると、総三は「この児は武州大宮の氷川の宮の申し児であるから」と、「河次郎」と名付けたという。「氷川の宮」とは、さいたま市大宮区にある武蔵一宮の氷川神社のことだ。

氷川神社の祭神の一柱は須佐之男命《すさのおのみこと》だが、これは日本武尊《やまとたけるのみこと》の東征に勧請《かんじょう》したものともされ、総三は文久三年十二月の参詣時に「この宮は日本武尊の神をしずめ奉るとうけたまわれ、いともかしこく、とうとくおわしますを……」（『将満詠草』）と崇めている。

子供の名前を「河」としたのは氷川の「川」を遠慮したもので、「次郎」としたのは、

「河太郎」では河童の別称と同じになってしまい、祖父にあたる兵馬が嫌ったためという。もっとも、総三の手紙には「川次郎」の表記があり、早世した長男がいたので次男が「河次郎」とされることは不自然ではなく、命名のエピソードは疑問視せざるをえない。

また、河次郎の誕生は「小島家・木村家過去帳写」によると、慶応二年十月二十八日とのことだが、明治三十六年（一九〇三）十二月二十八日に三十九歳で死亡しており、慶応元年の誕生でなければ計算が合わない。河次郎は、正しくは慶応元年十月に生まれたのだが、当時の年齢は誕生時に一歳、最初に迎える元日で加齢する数え年なので、二カ月と数日で二歳になった。

筑波山から帰ってきた総三は、河次郎の誕生からしばらく江戸に落ち着いていたようだが、慶応二年になると上京の決意を固めた。家庭人として生きようとしても、どうしても国事への思いが断ちきれなかったのだろう。

総三が慶応元年を迎えて間もなく詠んだと思われる長歌が、『将満詠草』に収められている。そのなかに「いたずらにかくしもあらば、い（生）けりともかい（甲斐）もなければ、たま（魂）きわる吾いぬち（命）をら、天地の神しはや（早）ませ、お（惜）しけくもなし」という部分があるのだが、これは「生きている甲斐もないので、神よ我が命を召してくれ、今の状態では惜しくもないのだから」という意味だろう。

もちろん、死ぬことへの願望ではない。死を恐れずに生きることの表明である。

総三は国学の平田家の門下生だったが、その平田延胤の『気吹舎日記』に、同年二月十二日に総三が訪ねてきたことが記され、その目的を「小嶋《ママ》は信甲の辺（を）遊歴の暇乞い也」としている。「信甲」は信州と甲州のことで、総三は旅立ちの意思を告げるために訪れたのである。

この年、息子を江戸にとどめておきたい父親のはからいがあって、酒井錦之助より総三に三百石での某家への仕官が勧められた。総三はこれを辞退して、妻子を残して江戸を旅立った。延胤への言葉が事実であれば、中山道を利用して信州・甲州を経て京都へ向かったのだろう。

総三が翌慶応三年三月十九日付で両親へ宛てた手紙によると、京都へ着いたのは前年の三月二十七日のことだった。以後、翌年の九月下旬まで滞京を続け、薩摩藩討幕派の西郷隆盛らとの交流を重ねることとなる。

この手紙には「川《ママ》次郎義（儀）も追々生（成）長、さぞさぞいたずらもいたす義（儀）と存じ候。ついては定めて御手数の義と存じ候も、時々灸は御すえ下さるべく候。氷川宮へも御連れ下さるべく候。いかように候哉と夜々夢に見おり候」との一節がある。

息子への愛情を感じる文面ではあるが、河次郎が慶応二年十月の誕生であれば、このときには誕生してまだ五カ月の乳児だ。寝返りも、もちろん這うことすらできず、「いたずら」などできるはずがない。

また、「てるへ申し入れ候」との一文もあり、「御両親へはもちろんの事大切に仕るべく、また川次郎義も大切に致し、怪我などなすまじく候」とされている。用件とはいえないようなものだが、この一言を添えたところに総三の妻への思いを感じ取ることができるようだ。国事に奔走する合間に、総三は両親と息子、それに妻への思いに駆られていたのだろう。

手紙には「多分、来たる四月中には必ず帰宅仕る心え（得）に御座候」と近々の帰宅を伝え、「何か京師にて買い調え送り申したく候えども、（中略）私（の）帰府の節、何か持参仕るべく（と）存じおり候」と、土産を買って帰るつもりであることが記されている。もちろん、両親と息子ばかりではなく、土産を渡されて喜ぶ妻の顔も思い描いていたはずだ。

その一方で、「なお、私（が）京師におり候と申す義（儀）は必ず外へは御話御無用に願い奉り候。下総在所におるように御伝え下さるべく候」と、所在を明かさないよう求める一節もあり、総三が討幕活動の渦中にいることをうかがわせている。

総三は五月六日にも両親に宛てた手紙を書いている。

そこにも「川次郎《ママ》殿も追々御成長の由、何より嬉しく存じ奉り候。何分にも甘きもの御気を付け下され、かつ灸は第一に御座候。氷川様へも必々御沙汰仕らぬよう、御気を付け下さるべく候」と、息子を思いやる文面がある。

また、「御下屋敷様へ申し上げ候」ともあるが、この「下屋敷」とは酒井錦之助のことで、「いろいろ□（河）次郎義（儀）御厄介（に）相成り候趣、先達ての御書面にて承知仕り候。ありがたく存じ奉り候」と、酒井家に河次郎が世話になっていることへの礼を述べ、「何分てるは御存じの通りの者故、万事とも御心付け下さるよう願い奉り候」と願っている。

総三は家庭人だったのだ。しかし、国事への熱情はそれを上回っていたのである。

この手紙には「五月初旬頃には帰府の心得におり候ところ……」と、前便に続いて帰府の予定が記されているが、それが実現するのは十月になってからのことだった。

討幕戦のきっかけをつかみたい薩摩の西郷隆盛は、江戸を混乱させる計画を立てていた。江戸の幕府を挑発し、彼らが武力を行使すれば、そこに討幕戦を行う大義名分が成立する。

西郷は自藩士の伊牟田尚平・益満休之助と総三を江戸に向かわせた。彼らに浪士たちを三田の薩摩藩邸に集めさせ、幕府が手を出さざるをえない状況を作りだそうというのだった。

この目論見は、別項で触れた十二月二十五日の薩摩藩邸焼き討ち事件によって現実となり、薩摩藩邸に潜居していた浪士たちは、あるいは戦死し、あるいは捕らえられ、あるいは脱出した。脱出に成功した浪士のうち、二十数人は品川沖に碇泊していた薩摩藩船・翔鶴丸に乗り移るのだが、そのなかに総三もいた。

翔鶴丸は旧幕艦の砲撃を受け、暴風雨に襲われながらも二十九日には紀州九鬼（三重県尾鷲市九鬼町）に寄港し、総三とともに脱出した落合直亮は伊牟田尚平らと、西郷に事件を報ずるため陸路を京都へ先発した。彼らは一月四日に京都の薩摩藩邸に入ったが、すでに前日より鳥羽・伏見の戦いは始まっており、西郷は「この戦争を早め、徳川氏滅亡の端を開きたるは、実に貴兄等の力なり、感謝に堪えず」（『薩邸事件略記』）と、焼き討ち事件を引き起こした落合らを労《ねぎら》ったという。

翔鶴丸の総三らが西宮に上陸したのは一月二日、薩摩藩の本陣となっていた東寺（南区九条町）に到着したのは五日のことだった。すでに戦場には錦旗が立てられ、戦況は新政府軍の有利に展開されており、六日には旧幕軍を大坂へと敗走させることとなる。

新政府は徳川慶喜討伐のための東征軍を派遣することになるのだが、総三らには東征軍の先鋒隊への参加が要請された。そして、七日には近江松尾山（滋賀県愛知郡愛荘町）の金剛輪寺での先鋒隊結成に加わり、公家の綾小路俊実・滋野井公寿を擁す彼らは、「赤心報国」の大義から「赤報隊」と名乗り、ここに総員二百人とも三百人ともされる草莽の部隊が誕生する。

総三が本名の小島四郎を改めたのはこのときのことだったようで、『赤報記』の一月九日の記述に「相良総三」「相楽総三」の名前がある。

赤報隊の軍資金と武器は薩摩藩から貸与されており、彼らは出身グループごとに三隊に編制され、総三は自身の同志を率いて一番隊長に就任し、二番隊は新選組から分離した元御陵衛士のグループで隊長は鈴木三樹三郎、三番隊は水口藩士のグループで油川錬三郎が隊長となった。

十二日、総三は京都へ向かった。そして、太政官に自分たちが「官軍」であることを証明する品、つまりは錦旗と、正式な東征先鋒軍であることの認可を願い出るとともに、建白書を提出して、旧幕領について暫時の年貢軽減を求めたのである。進軍途中の諸村の農民に対する懐柔策であり、早くは文久三年（一八六三）八月に挙兵した天誅組が年貢半減を訴えており、この年の一月四日には西園寺公望が独自に布告した檄文中にも掲げていた。

錦旗は与えられなかったが、赤報隊は東海道鎮撫総督の指揮下に組み入れられ、総三の建白に対して下された勅諚には、その但し書中に「幕領の分、すべて当年租税半減仰せ付けられ候。昨年未納の分も同様（に）なさるべく……」（『赤報記』）との一節がある。

この「年貢半減令」を得た総三は十五日に松尾山の本営へ帰り、十六日より赤報隊は年貢半減の高札を建てながら進軍するのだった。

年貢半減は間違いなく新政府の方針である。赤報隊はそれを否定され、「偽官軍」として処刑されるのだが、すでに十四日には長州・芸州・岡山の山陽道三藩に対して、太政官より前記『赤報記』と同様の年貢半減の沙汰書が公布されていた。

また、十六日付で西郷が自藩士の蓑田《みのだ》伝兵衛に宛てた手紙にも、「東国はもちろん、諸国の内これまで徳川氏の領分、旗下（本）下士の知行所とも、王民と相成り候わば、今年の租税は半減、昨年未納の物も同様（に）仰せ出され、積年の苛政を寛がれ候事に御座候」（『大西郷全集』）と年貢半減について報じている。

つまり、これは新政府の規定方針だったのである。

赤報隊はそれを掲げて進軍しただけなのだが、新政府は二十七日になって半減令を取り消した。新政府は軍費を調達する必要があり、富商より三百万両を借り入れるのだが、その返済には租税をあてるほかはない。年貢の半減などは不可能だった。

半減令はあくまでも懐柔策であり、先の西郷の手紙にも「この一儀にても東国の民はすぐさま相離れ申すべく儀と存じ奉り候」とあって、半減令が旧幕府からの民心離反の効果が大きいことが認《したた》められている。

その間の二十三日、加納宿（岐阜市）に宿泊していた赤報隊に、本来の所属である東海道軍への合流が命じられた。これによって本隊は名古屋へ向かうこととなるが、総三は「戦陣においては君命を待たずと言うことあり。この方においては引き返し申さず」（『秦林親日記』）と、独自に進軍を続けた。総三は中山道の下諏訪宿（長野県諏訪郡下諏訪町）から甲州街道へ出て旧幕領の甲府を押さえ、後続する東征軍の江戸総攻撃に協力する道を目指していたのである。

　ここに赤報隊は解散し、総三らは「先鋒嚮導隊《きょうどう》」と称するようになるが、ここでは総三らを「赤報隊」と表記することとしたい。

　一行は二月六日に下諏訪へ到着し、二月下旬まで滞陣するのだが、その十日に総督府は信州の諸藩に対して「官軍の名を偽り嚮導隊などと唱え、虚喝をもって農商を却し、追々東下致し候趣に相聞き候」（『赤報記』）と、赤報隊を「偽官軍」とする布告を発していた。

　これを知らない赤報隊の分遣隊は十四日に碓氷《うすい》峠を占拠し、「官軍先鋒嚮導隊見張所」の木札を立てて信州諸藩の動きを警戒していたが、十七日の夜に諸藩軍の攻撃を受ける。信州追分戦争である。この戦いで分遣隊は大半が戦死あるいは捕縛されてしまう。

　一方、総三は九日に下諏訪を出立し、途中で病を得ながらも十八日には大垣の東山道総督府へ出頭していた。二十三日に帰陣して追分戦争を知り、翌日には同志の釈放を嘆願したが、その日、総督府は分遣隊の抗戦を「捨て置き難く」とし、「断然、厳重（の）処置致すべく候事」（『相楽総三とその同志』）と命じている。

　総三やその同志たちの運命はここに決した。

　東山道先鋒総督・岩倉具定の下諏訪宿着陣の予定が報じられたのは、二月二十五日のことだった。そこで赤報隊は宿所を彼らに譲るため、翌日には宿から数キロ北方の樋橋《とよはし》村へと移っており、その日の『下諏訪宿御用日記』に「教（嚮）導隊相楽総三始め人数樋橋村へ転じ滞在。夕刻、人足俄に用意云々」とある。

具定の一行が下諏訪宿に到着したのは三月一日のことで、一日、二日と宿泊し、三日の朝に和田宿（長野県小県郡長和町）へ向けて出立する。

その一日の夜、樋橋の総三のもとへ下諏訪からの使者が訪れた。用件は軍議への出席を求めたものとされ、『相楽総三とその同志』はその命令書を「御軍議これあり候間、即刻総督府本陣へ御出頭これあるべき旨、御沙汰の事」とする。しかし、これは総三に大垣の総督府への出頭を求めた、「二月八日」のものと同一の文面であり、この点は信じがたいのだが、総三が付き添いの同志とともに下諏訪へおもむいたのは事実である。

そして、本陣に到着するとただちに捕らえられたというのだが、翌二日、樋橋の赤報隊へ総督府より「御用の儀これあり候間、下諏訪御本陣へ惣人数早々参着致すべきもの也」（『赤報記』）との出頭命令書と、総三の「別紙の通り仰せ渡され候間、早々惣人数とも御本陣まで罷り出で申すべき候。以上」（『赤報隊往復文書』）という「三月二日」の日付と署名が入った添え状が届けられている。

樋橋に在陣中の隊士たちは、総三の添え状がある以上、自分たちの存在価値が認められたものと信じ、彼らも下諏訪へ出頭することとなるのだが、当然、総三が捕縛されたのは、この添え状を書いてからのことでなければならない。自分の運命、同志たちの運命を知っていれば、舌を嚙み切ってでも筆を執りはしないはずだ。したがって、捕縛前に甘言を弄して総三に添え状を書かせ、直後に縄を打ったに違いない。出頭直後の捕縛はありえず、一日は総三を厚遇し、添え状を書かせた翌日に捕らえた可能性もある。

いずれにしても、二日に出頭した赤報隊の隊士たちも捕縛され、具定の一行に従軍していた旗本・岡田家の家臣は「同夜（二日）六時過ぎ、一同銃炮（砲）持ち即刻御本陣へ相詰め候よう御沙汰に付き出張候ところ、相楽惣造（総三）召し捕り御用仰せ付けられ、都合四十六人、内十四人は本縄、残り三十二人は腰縄、御吟味の上、諏訪侯へ御預けに相成る」（『埼玉大学紀要総合篇』所収「横倉喜三次政忠の『覚書』について」）と記録している。

翌三日、具定の一行が下諏訪宿を出立すると、午後六時ごろより宿の西側の入口近くの田圃で、総三らの処分が行われた。

総三と七人の隊士は斬首のうえ梟首され、「横倉喜三次政忠の『覚書』について」で「本縄」とされた十四人は片鬢片眉を剃り落とされ、高札場に一日晒されたすえに追放となり、「腰縄」の三十二人は追放となった。「追放」とは、武士は浪人、庶民は無宿の身分とされ、この場合は信州国内と江戸十里四方の立入の禁止を意味している。

総三の処刑は七人に続いて最後に行われたが、最初の首切り役を「大刀を振り上げて後ろに立った者を総三は見上げて、笑顔をしながら、見事に切れよと云うて、ハハと声を上げて笑った」ためか、それに気圧されて打ち損じてしまった。二人目も「血みどり（ろ）な相楽は、切り損ずと蹴殺すぞっと怒号した」ことで失敗し、「三人目に立った太刀でようやく総三の首は梟木にかけられるようになった」（『下諏訪旅館亀屋主人談話筆記』）のだという。

梟首された総三に添えられた罪状書には、「勅命と偽り官軍先鋒嚮導隊と唱え、総督府を欺き奉り、勝手に進退致し、あまつさえ諸藩へ応接に及び、あるいは良民を動かし、莫大の金を貪り、種々悪業相働き、その罪数うるに遑《いとま》あらず。（中略）これにより誅戮梟首……」（『赤報記』）とあった。

「勅命」と偽って行動したことを罪状としてあり、これによって「偽官軍」とされるのだが、前述のように総三らが掲げた「年貢半減令」は、一時的にとはいえ新政府の方針であり、偽りではなかった。

しかし、彼らはやはり「偽官軍」だった。処刑の実情は「勝手に進退」にあったのだ。東海道軍所属でありながら東山道軍の進路である中山道を進軍し、総督府の帰還命令に背いた。それだけで重大な軍令違反である。軍令に従わなければ、それは自軍の部隊ではない。いわば〝反乱軍〟だ。反乱軍が「官軍」を名乗っていればそれは偽称であり、「偽官軍」ということになる。捕縛や処刑は当然の処置である。

余談になってしまうが、『相楽総三とその同志』によると総三が出頭した一日は「その晩は雪催《ゆきもよ》いで、真ッ暗だった」、二日は「その日は朝から、霰《あられ》交じりの雨が降ったりやんだりして、風が寒かった」という。

縄を打たれた総三らは、この雨のなかを野外に放置されていたというのだが、下諏訪宿と樋橋村のあいだにあった下ノ原村の名主の日記には、一日も二日も「天気」（『下ノ原名主山田政之丞日記』）とある。また、具定の一行に従軍していた土佐藩士の日記にも、当然のことながら、一日も二日も下諏訪の天気を「晴れ」（『宮地団四郎日記』）としているのだ。

総三らが冷たい雨に打たれ続けていたというのは、事実とは認めがたい。

また、下諏訪宿本陣の岩波太左衛門の「談話筆記」には「三月三日の朝も、きのうとおなじで、雨が降りつづき……」（『相楽総三とその同志』）とあるが、『下ノ原名主山田政之丞日記』には「昼より」とあるばかりで、天候についての記載がない。

これを補うのが『宮地団四郎日記』で、そこには「大雪にて朝五ッ時出立」とあり、昼食後に「それより雨天に相成り……」とされている。つまり、三日の天気は昨夜来の雪が降り続け、それが「昼より」雨に変わったのが天候の実際だったのである。

総三の辞世は「思うことひとつもならで死にもせば　あしく神と也《なり》てたたらん」と伝わる。

願いの一つも叶わずに死ぬようなことがあれば、悪神となって祟ってやろうという意味だが、逆にいえば、願いの一つでも叶えば満足だということになる。おそらくは、国事を志したときか、初めて京都にのぼろうとしたときの心境を詠んだものとも思われる。

総三の死は江戸の小島家に伝えられ、『相楽総三とその同志』には次のように記されている。

ある日、（小島家に）人が来て、相楽が刑に死んだと手短く知らせ、小さな紙包みを置いて立ち去った。中には一握りほどの鬢の毛があった。毛は血に塗《まみ》れてねとねとしていた。最初の刑手が斬り損じたとき、鬢の毛が切れ傍らに落ちていて、相楽の肩から流れ出た血に塗れた、それを拾いとって、遺族へかたみ（形見）に届けたのだろう。

総三の鬢髪を届けた人物は、総三らに同情的だった下諏訪の住人だったのか、捕縛を逃れた赤報隊の隊士だったのか、それを知る手掛かりはない。しかし、難を免れた隊士が刑場に姿を現したとは考えにくく、おそらくは鬢髪を拾った住人より、その隊士が遺族に届けるために貰い受けたのだろう。

同書はさらに続けている。

血塗れの遺髪をうけとった相楽の妻照子《（ママ）》は、一子河次郎の養育を舅《しゅうと》兵馬と、相楽の姉木村敬弘の妻はま子に、遺書を認めて懇願し、死出の晴れ着を身に纏《まと》い、冤に殺された夫のあとを追い、短剣で咽喉を貫《つ》いて死んだ。

てるは河次郎の養育を義父の兵馬と、兵馬の次女で木村家に嫁いでいた義姉のはまに託し、夫のあとを追った。

赤報隊の二番隊だった元新選組隊士の記録には、「相楽妻子あり、跡に残し置けり。しかるに夫の刑に付くを聞きて、妻たちまち屠腹す」（『秦林親日記』）とあるのだが、いつのことであったのかは記されていない。しかし、てるの墓石に刻まれた命日は「明治元戊辰年七月十四日」であり、総三刑死の報が届けられたのは七月に入ってのことだったと思われる。

この四月には江戸城明け渡しがあり、五月には上野戦争によって彰義隊が駆逐され、戊辰戦争の舞台は東北へと移った。新政府軍による江戸市中の警戒も弛み、赤報隊の関係者であっても江戸への出入りが容易になったのだろう。

下諏訪から江戸までの甲州街道の総距離は約二〇八キロ、六日前後の行程であることから、八人もの斬首が行われたという情報は、早くから江戸にもたらされていたことだ

相楽総三とてるの墓（港区、青山霊園立山墓地）

ろう。てるの耳にもそれは届いたものと思われるが、それが夫の最期だとは信じられなかったし、信じようともしなかったに違いない。しかし、「遺髪」という事実を目の当たりにしたとき、てるの望みは打ち砕かれてしまったのだ。

てるの遺体は赤坂一ッ木にあった専修寺に埋葬され、建立された墓碑の正面には総三の「天忠院教誉道順居士」と、てるの「鏡松院操誉妙麗大姉」という戒名が並んで刻まれた。世を憚ってのことだろうか、側面に「相楽総三」ではなく、「小嶋《ママ》将満墓」とある。

専修寺は明治四十年（一九〇七）に品川区西五反田（現荏原）に移転し、そのさいに古い遺骨は無縁仏として合葬されたが、総三とてるの墓石は残されていた。その後、墓石は港区の青山霊園にある、はまの嫁ぎ先である木村家の墓域に移され、現在に至っている。

なお、総三ら八人が処刑された下諏訪町には、赤報隊の元同志や有志の手によって、明治三年に建立された「魁塚《さきがけづか》」がある。また、昭和三年には総三に正五位が贈位されるのだが、これに尽力したのが木村亀太郎といい、その父親は姉の婚家である木村家の養子となった河次郎である。

18
臼井亘理の妻・清子
——秋月藩の藩内抗争によって夫とともに殺害された女

福岡藩の支藩である秋月藩の執政心得という重職にあった臼井《うすい》亘理《わたり》は、慶応四年（一八六八）五月二十三日の未明、同藩干城《かんじょう》隊の隊士によって殺害された。

当時は日の出が一日の始まりだったので、現在でいえば二十四日の午前三時ごろのことだ。

干城隊は前月の閏四月十四日に、「微臣ども憂苦堪えられず、螻蟻《ろうぎ》の力（を）相尽くし仕りたく存じ奉り候」と、同志三十一人が連署した請願書を提出していた。このとき、当時の第十二代藩主・黒田長徳は在京中で不在だったが、藩庁は「御留主（守）には候えども、格別の御詮議をもって願いの通り申し付けられ候」（『旧秋月藩用役臼井亘理遭難遺蹟』）と結成を認めるのだった。

干城隊の総督には藩執政の吉田悟助が就任し、隊長はその息子で十七歳の吉田万之助がつとめ、請願書に連署したのは三十一人だったが、総員は五十数人を数えたようだ。一隊は五人編制で一番組から八番組まであり、判明している隊士のうち最年長は二十二歳、最年少は十四歳という、二十歳前後の若者たちによって構成されていた。

干城隊結成時、亘理は在京中だった。この一月下旬に国許を出立し、二月八日に入京すると、首席公用人として活動していたのである。

干城隊は亘理の不在時を狙って結成されたのだった。さらにいえば、亘理の帰国を待って、殺害することを目的として結成されたのだった。

事件当日、干城隊が事前に提出した「臼井亘理罪状」には、箇条書きで五点の罪状が記されている。

そこには、第一に王政復古以前は親幕家でありながら、その後は新政府に取り入ったことを指摘し、第二に京都にあって帰国を命じられながら、それを引き延ばそうとしたこと、第三項以下は藩主の意見をねじ曲げて、藩内で反対されていた洋式訓練の採用に踏み切ったことや、それに関する亘理の専横が指摘されている。

つまり、亘理は奸臣であり、藩のために「除奸」するというのだ。

秋月藩はこのとき、亘理を代表とする主流派と、干城隊の吉田悟助を代表とする反主流派とが、親幕か反幕かという思想的な対立ではなく、藩政における主導権争いをしていたのだった。

亘理の殺害に成功したことによって反主流派が藩庁を握り、藩主・長徳が六月下旬に帰国すると達し書が示されているが、そこには亘理について「常々己の才力に慢じ、我意を募り、他の存意を防ぎ、平素衆人の憎しみを受け、人望に戻（悖）りおり……」としたうえで、奸智を巡らせて罪を逃れようとしたことから「この節非命の死を遂げ候段、自ら招くの禍に候」（『黒田長徳家記』）と結論している。自業自得の結果としているのだ。

もちろん、亘理側に立った『旧秋月藩用役臼井亘理遭難遺蹟』によれば、亘理はそのような人物ではない。

同書は亘理について「質性（性質）豪邁深沈にして喜怒色に顕れず、卓然として曠世《こうせい》の思を蓄え……」という、気性が強く沈着であり、容易に感情を面に現さず、際立って稀な考えを抱いていた人物であったと伝える。

また、「文武の諸道に熟達す」として、剣術・槍術・弓術・馬術にも優れており、学問は藩儒・中島衡平らに師事し、江戸に出て坂下門外の変に関与することになる大橋訥庵らにも学び、訥庵からは「簡堂」という号を与えられたとする。

誕生は文政十一年（一八二八）一月二日のことで、臼井儀左衛門と冬子の長男として城下北中小路（朝倉市秋月）の屋敷に生まれた。父親が安政四年（一八五七）に致仕すると三十歳で家督を相続するのだが、その前年もしくは前々年に妻帯していたようだ。

妻は福岡藩士・喜多村弥次右衛門の長女で清子といい、天保三年（一八三二）生まれで、亘理より四歳年下だった。二人のあいだには安政三年に長女・わさ子、同五年に長男・六郎が生まれている。

この間に出仕していた亘理は鉄砲隊を率いる物頭となり、次いで藩主の側近となる馬廻頭に昇進し、文久二年（一八六二）には側用人に抜擢された。その年の一月に当時の藩主・黒田長義が没し、七月に長徳の相続が許されると、長徳は元治元年（一八六四）二月に上京の途につき、四月には参内するのだが、亘理はこれに随行していたようだ。

三月二日付で亘理が妻の清子に宛てた「わたりより」「おきよどのへ」とした手紙があり、そこには「急出立にて別けて世話すじ深く、かたじけなくぞんじ候」と労《ねぎら》いの言葉があり、「今二日大坂に着船致し候に付き、安心召さるべく候」と船旅を終えたことを報じている。十八日には母親にも手紙を書いているのだが、何よりも妻に無事を伝えたかったのだろう。

次いで「おわさ、楯之丞（六郎の幼名）いかがとも相暮らしおり候や、定めておとなしき事とぞんじ候え（ども）、何事も御部屋様へお伺いの上、お取りはからいに相成りたく候」と子供たちを案じている。「御部屋様」は母親のことだ。そして、追伸部には「おいといお大事にぞんじ候。朝ね（寝）ははなはだよろしからず候」とあるのだが、これも妻を気遣っての言葉だろう。

長徳は五月十三日に帰国の途につき、亘理もふたたび随行したものと思われるが、この在京中の亘理は親幕派だった。前年八月の政変で公武合体派は長州藩を追い落とし、その復権に成功した。本藩の福岡藩は元来が公武合体派であり、支藩を代表する亘理も公武合体の立場から親幕論を展開したことは疑えない。これが先の干城隊の「臼井亘理罪状」にあった、親幕家との指摘につながるのである。

帰国翌年の慶応元年（一八六五）に次女・つゆ子が誕生するが、この年の長州征伐において前年の禁門の変で朝敵とされた長州藩は降伏する。しかし、その後は翌慶応二年の長州再征戦で幕府軍は事実上の敗北を喫し、幕府の威光は地に落ちた。

薩摩藩は討幕に転じ、慶応三年十月には将軍・徳川慶喜が大政奉還を決断し、十二月には王政復古によって討幕派を中心とする新政権が誕生する。次いで翌慶応四年一月には鳥羽・伏見の戦いによって旧幕勢力は京坂を追われ、追討の対象とされてしまうのだった。

こうした状況のもと、亘理は一月下旬に国許を出立すると二月八日に入京し、首席公用人として活動を開始するのだが、そこで亘理は秋月の地にあっては知ることのできなかった現実を知る。

三月二十九日付で在国の藩士に宛てた亘理の手紙は、「御当地（京都）に罷り出で見候えば……」として、「最早王政復古の御事業、御成立相成るに御相違御坐あるまじく存じ奉り候」と、政権の移行が完全に行われていることを報じている。親幕派の亘理にとって、信じがたいことだった。そして、「御政体すべて御一新の御主意を御体認の上にて、御処置御坐ありたく存じ奉り候」と、これまでの認識を捨てることを訴えるのである。

この言葉どおり亘理は親幕家の立場を放棄し、新政府に与する行動を起こしていた。藩の生き残り策として、ほかに道はなかったのだ。

しかし、京都の実情を知らない国許では、これを「変節」と受け取った。そして、反主流派は亘理を失脚させるための手段とし、干城隊は「臼井亘理罪状」で第一の罪として掲げることになる。

秋月藩は新政府の命令により日田《ひた》の旧幕領の管理を行っていたが、上京を命じられた長徳は四月六日に国許を出立し、二十九日に大坂へ到着した。これに随行していた反主流派は、道中で長徳に亘理への心証を害させることに成功し、その帰国を決意させている。

亘理は京都から大坂に下って長徳を出迎え、中島（西淀川区中島）の蔵屋敷に請じ入れ、京都の情勢を報告した。長徳はそれに耳を傾け、最後には労いの言葉を掛けはしたが、それだけのことだった。翌閏四月一日、ふたたび蔵屋敷におもむいて会議に出席すると、亘理は「国家勤王の義を妨げ、因循の巨魁なり」（『旧秋月藩用役臼井亘理遭難遺蹟』）と、京都に戻って早々に帰国するよう命じられてしまう。

京都に戻った亘理に対し、知人たちは急な帰国命令は不自然であり、京都にとどまって朝廷に仕えるよう勧め、その対応のために日を重ねてしまったことも亘理の禍ともなった。それが「臼井亘理罪状」で第二にあげられた、故意による帰国の延引である。当然、長徳に随行した反主流派から国許へ報じられなければ、罪状に加えることはできない。

亘理が海路を帰国の途についたのは五月七日のことだったが、天候に恵まれず、秋月に着いたのは二十三日の夕刻だった。

妻の清子や両親と子供たちは元より、親戚や友人たちと無事の帰宅を喜び合い、酒宴となる。亘理も盃を重ね、やがて子供たちは布団に入り、客人も帰って、亘理たちも就寝した。

その深夜、干城隊は亘理を襲撃するのだが、直前まで隊士たちには計画を知らせておらず、亘理の長男・六郎は伝聞ではあるが、「だしぬけに大事できたり、急ぎ出かけと云い触らし、いずれも黒装束をして、そうして途中から二つに分かれて、何某は誰に附いてこっちに行け、この一隊はこちらの方へ行けと云って、私の方、または中島の門前に来て、敵はここにありと云うつごう（都合）であったとのことです」（『史談会速記録』一七七輯）と語っている。

事実、彼らは二組に分かれ、二十四人の一隊は亘理を、十一人の一隊は亘理の師である中島衡平を襲う。中島は亘理に入れ知恵をしていると信じられたのか、用意された罪状書は「平素心術正しからず、奸智に任せ利口の説を唱え、正義を妨げ、その他不所行の事どもこれあり……」(『黒田長徳家記』)と指摘されていた。

乱入してきた干城隊によって就寝中の亘理は襲われ、そして首を落とされる。長女・わさ子と同じく、別間に寝ていて難を免れた六郎は、明治四十年に史談会の席で「親父は一太刀、初めにやられたのが、ちょうど夜着の襟に打ち掛けたと見えます。父はそれに目を覚まして、起き上がらんとするところを二の太刀で首を落とした様子」(『史談会速記録』一七九輯)と語っている。

亘理の首級は持ち去られたが、その行方は判明していない。

隣で眠っていた清子も、干城隊の犠牲となった。むしろ、亘理よりも惨《むご》たらしい最期を遂げていた。これにも六郎の談話がある。

母が飛び掛かって邪魔をするものでありますから、(中略)横から足で蹴ったが、弱い女の身でありますから倒れました。起き上がらんとするところを殺害したという云うように、私の方では皆思っております。ちょうど私が見ましたが、寝床より脇に出て、斜めになりて、打ち向けになって、後頭部をゾクゾク斬られておりました。親父が斬られた物音に目を覚まして飛び付いた、飛び付いたので横合いから邪魔をするなと蹴倒した。蹴倒すとともに斬られたと云うように聞いておりますが……
（『史談会速記録』一七九輯）

この席で清子の傷について「一太刀でありますか。また、めった切りでありましたか」という質問があり、六郎は「一太刀どころではありませぬ。頭はザクザクになっておりました。ちょうど私が起きて椽《えん》を見ましたところが、椽に長い髪の毛がバラバラ落ちておりました。その髪に骨や肉などが附いておりました。なかなか一太刀や二太刀ではない、何十（太）刀も下したと見えまして……」（『史談会速記録』一七九輯）と答えている。

ただし、『物語秋月史　幕末維新編』に引用された清子の「検視書」によると、傷は「一、左の鬢　二ヶ所　一、右の鬢　一ヶ所　一、てへん　二ヶ所　一、左の背中　一ヶ所」の六カ所とされる。「てへん」は「天辺《てっぺん》」のことで、頭頂部のことだろう。

亘理は四十一歳、清子は三十七歳だった。

両親と同室で寝ていた四歳のつゆ子も七カ所のかすり傷を負っていたが、これは刀の切っ先が触れたことによるもので、命に別状はなかった。

干城隊は中島衡平の殺害にも成功し、二十四日に藩庁へ自訴した。

後日、下された彼らへの申し渡しは、「国家のため姦邪を除くの赤心より出で候事とは申しながら、国典において赦しがたき挙動に付き……」と一応はその罪を指摘するものの、「深き存意の旨これあり候に付き、格別寛大の訳をもって慎み（の）筋異義（儀）なく差し許し候旨申し付け候」（『黒田長徳家記』）というものだった。無罪とされたのである。

亘理と清子の遺体は、黒田家の菩提寺でもある古心寺（福岡県朝倉市秋月）に埋葬され、正面に亘理の号である「簡堂」と、「清子」と刻まれた小さな墓碑が建立された。

その隣には、大正六年（一九一七）十一月に死亡した六郎の墓もある。

なお、明治政府は明治六年（一八七三）に「仇討ち禁止令」を発布し、これによって仇討ちは犯罪となるのだが、明治十三年十二月に「最後の仇討ち」と呼ばれる事件があ

臼井亘理と清子、息子・六郎の墓（朝倉市、古心寺）

り、大きな話題となった。

事件の被害者は臼井家を襲った元干城隊士の一瀬直久といい、加害者は一瀬を付け狙っていた六郎である。六郎は直後に警察へ出頭し、裁判で終身禁固の判決を受けたが、明治二十三年に罪一等を減じられて仮釈放とされている。

この一瀬について史談会の運営者の一人である寺師宗徳が、元備中松山藩士・長谷文よりの伝聞を紹介している。

それによると、長谷は一瀬とともに水戸の裁判所に勤務しており、あるとき長谷は一瀬の右手の指に傷跡があったので、その原因を尋ねた。すると一瀬は「これは実は明治元年、国元秋月において同志とともに藩士臼井亘理を殺害した、その際、妻女のために嚙まれた傷だといって……」その模様を自慢気に語り、「実は自分は斬るつもりはなかったが、妻女がしがみ附いて離れぬから、やむをえず斬った……」（『史談会速記録』一七九輯）と、清子を手に掛けたことを釈明したのだという。

これは六郎にとって初めて聞くことではあったが、清子の怨念は刺客に深い傷跡を残していたのだった。

19 山城八右衛門の妻・ミヨ

——盛岡軍との戦争で秋田軍に従軍して死亡した女

慶応四年（一八六八）五月三日、新政府によって征討の対象とされた会津・庄内両藩の謝罪嘆願を目的として、石高六十二万石の仙台藩、同十八万石の米沢藩などの二十五藩によって奥羽列藩同盟が結成された。翌四日、武装中立を掲げていた長岡藩は新政府軍との談判が決裂したため同盟に加わり、六日には新発田藩などの北越五藩も同調し、ここに奥羽越列藩同盟が成立する。

しかし、同盟を主導した仙台藩でさえ藩論が割れていたように、どの藩も抗戦と恭順の両論があり、同盟諸藩が結束を固めていたわけではなかった。

その典型が石高二十万五千石の秋田藩である。

秋田は国学者・平田篤胤の出身地であって、その没後も門人に平田学派の藩士も多く、朝廷より信頼が寄せられていた。そのため鳥羽・伏見の戦い後の一月十六日には、新政府より征討応援の内旨が下されたほどである。

三月二日に京都を出立した奥羽鎮撫総督・九条道孝と副総督・沢為量《ためかず》の一行は三月十九日に仙台領松島に上陸すると、仙台藩に会津征討を命じた。次いで四月六日には秋田藩に庄内征討を命じるのだが、これは厳しく会津藩を追及する総督府に庄内藩が態度を硬化させ、戦闘準備を始めていたからである。

武力行使を望まない仙台藩は、米沢藩とともに和平工作を行っていたが、もちろん総督府は姿勢を改めず、庄内征討を命じられた秋田藩兵は二十四日に庄内領清川（山形県東田川郡庄内町）で交戦する。しかし、仙台藩の呼びかけによって閏四月十一日に開かれた、秋田藩も加わる奥羽列藩同盟の前段階となる白石会議で、諸藩は会津・庄内征討の軍を撤収することを決定した。総督府へ反旗を翻したのである。

これによって前線に休戦命令が届けられ、秋田・庄内とも藩兵を撤収させ、秋田藩が「春の御陣」と呼ぶ戦いは一応の終結を迎えることになる。

奥羽鎮撫総督の九条道孝は仙台藩の監視下に置かれることとなるが、新政府の増援部隊が仙台に到着すると、彼らは奥羽の事情説明を朝廷に行うとの口実を設けて、五月十八日に総督以下の仙台脱出を成功させ、盛岡へと向かう。その後、秋田藩と交渉を重ね、一行は盛岡城下へと移ることとなる。

また、庄内征討のため軍勢を率いて秋田へ進軍していた副総督の沢為量の一行は、秋田城下に入ったものの、滞陣を謝絶されて秋田領北部の能代に滞留していたが、これも総督一行と同じく、七月一日に秋田城下へ入っている。これによって総督府の軍勢は当初の部隊、増援部隊、新規に増援された部隊を含めて約千五百を数えることとなった。

一方、同盟諸藩は総督府を迎え入れた秋田藩の真意を問うため使節団を送っており、彼らもまた七月一日に城下に到着していた。

使節団は総督らの仙台藩への引き渡しと軍勢の排除を求めたが、総督府は千五百の軍勢を背に、ふたたび庄内征討を命じる。

板挟みとなった秋田藩では連日の会議が続けられ、ついに結論に達した。

七月四日の『沢為量征討記録』に「今四ッ後、秋田公参陣、いよいよ出兵の御受けこれある」とあり、「今夕剋（刻）、銃隊主命を奉じ、仙台の使者両人及び家来、随従の者まで都合十二人誅戮、すなわち軍門に梟首致し候事」と続いている。秋田藩は同盟を離脱し、その証とするかのように、同盟からの使節を殺害したうえで梟首したのだった。

これは同盟諸藩への宣戦布告であり、十一日に秋田藩兵は総督府の軍勢とともに庄内へ向けて進軍する。

こうして秋田藩は旗幟を鮮明にしたのだが、石高二十万石と同盟中で仙台・秋田両藩に次ぐ大藩の盛岡藩も、同盟に加わりはしたものの、優柔不断な態度をとり続けていた。恭順派と抗戦派のどちらも、完全に藩内を掌握できなかったためである。

盛岡藩の旗幟を鮮明にさせたのは、首席家老・楢山《ならやま》佐渡だった。楢山家は家老職をつとめる家柄であり、盛岡藩主・南部利剛《としひさ》の従弟にあたる。

佐渡は藩命を受けて滞京中だったが、この難局に対処するため盛岡藩では帰国の使者を送った。佐渡は京都の事情にも通じているはずであり、何よりも藩内に名望がある。その判断は大きな拠り所となるはずだった。

これを受けて佐渡は七月十六日に帰藩するのだが、その途中で仙台に立ち寄り、「仙台藩の家老にして、奥羽同盟の首謀者たる但木土佐と会し、同盟をますます鞏（強）固ならしめんことを協議し、堅く誓いて……」（『南部史要』）国許へ急いだ。そして、帰国翌日には城内へ重臣を集め、秋田藩への進攻を宣言するとともに、鹿角《かづの》（秋田県鹿角市）・雫石《しずくいし》（岩手県雫石町）・野辺地《のへじ》（青森県上北郡野辺地町）の三方面に軍を進め、みずからが総大将となって二十八日に鹿角へ向けて出陣する。

秋田藩は庄内征討を主眼としており、楢山の率いる盛岡軍の進軍ルートにあたる藩境の十二所《じゅうにしょ》（秋田県大館市十二所）方面には、茂木筑後《もてぎちくご》を陣将とする槍隊と銃隊の二百数十人ほどが配備されるのみだった。銃隊といっても大半が火縄銃である。

この出陣にあたって、秋田藩では付近の村々に夫役《ぶやく》を課したようだ。十二所より数キロ西方の扇田村《おうぎた》（大館市比内町扇田）からも農民が徴用されており、そのなかにミヨという女がいた。

ミヨは天保五年（一八三四）に秋田郡出川村《いでがわ》（大館市出川）の佐藤久右衛門の娘として生まれ、扇田村で煙草屋を兼業する農民・山城八右衛門に嫁ぎ、一男一女をもうけており、茂木筑後の出陣のさいに小荷駄方手伝いとして徴用され、炊事の世話と食料の運搬を命じられていたという。

八月八日、楢山佐渡は茂木筑後に戦書を送った。宣戦布告である。翌九日、毛馬内《けまない》（鹿角市十和田毛馬内）に布陣していた盛岡軍は進軍を開始すると、十日には十二所を攻撃して秋田軍を敗走させる。さらに扇田村へ進んで扇田神明社に本陣を置くと、十二日に秋田軍の反撃を撃退したが、別ルートで大館城に向かっていた軍勢が秋田軍に敗れたため、十二所を捨てて退いた。

盛岡軍が再度、大館城を目指して扇田に進攻したのは、二十日のことだった。『佐竹義脩家記』が「二十日、賊大軍をもって十二所口より侵来、（中略）防戦致し候えども三方の賊砲飛丸雨集、寡兵防ぎがたく、すなわち扇田村端へ引き揚げ、（中略）賊兵ますます加わり暴進致し候に付き、川を渡り根下戸《ねげど》村へ引き揚げ候」と記録する戦いである。

この戦いの最中にミヨは死んだ。三十五歳だった。

『皇国女性の鑑』は次のように伝えている。

この日、敵の銃砲下において、勇敢にも弾薬、糧食の輸送に従事した農家の一婦人があった。弾丸雨飛の中を平然としてその任務を果たすべく、茂木（筑後）隊長の面前を通過せんとする時、不幸にも流弾に命《あ》たって名誉の戦死を遂げたが、のち靖国神社に合祀された。すなわち左の通りである。

戦死　明治元年八月二十日　秋田藩扇田村八右エ門《（ママ）》　妻　山城　美与《（ママ）》

事実、『靖国神社百年史』には明治二年（一八六九）六月二十八日の第一回合祀において、女性の合祀者は一人であり「明治元年八月二十日、盛岡藩兵が秋田領に侵入して来た時、糧食・弾薬の輸送に当たり奮闘したが、流丸のため斃れた。女性で護国の神に祀られたのは、山城美与《（ママ）》が嚆矢《こうし》である」と、ミヨについて記録している。

明治二年八月、秋田藩主・佐竹義堯《よしたか》は秋田招魂場を創建して戊辰戦争の戦死者を祀った。現在の秋田護国神社の前身である。

秋田には明治十四年に明治天皇の巡幸があり、そのさいに戊辰戦争での戦死者の遺族に祭祀料五円が下されることとなり、対象とされた人物の名簿が『秋田沿革史大成』に掲載されている。

それによると、対象とされたのは秋田藩士百九十八人、支藩である秋田新田藩士六人のほか、「秋田藩羅卒」が百一人、「秋田藩夫卒」が七十九人と、追加された三人を加えた三百八十七人だった。彼らにはそれぞれに死亡日とその場所、出身地、没年齢が記されているが、夫卒七十九人のうち、二十五人については名前以外が「不詳」とされている。

ミヨもその一人で、「不詳　山城ミヨ」とある。

ミヨが招魂場に祀られた記録は見当たらないようだが、祭祀料が下されるのであれば、当然、祀られていたはずだ。しかし、当時はミヨについては名前のほかは「不詳」だった。

それでも、生死が明らかでなかった夫の八右衛門については、この「山城ミヨ」という表記から、すでに死亡していたものと推測できる。

法務省のホームページの「我が国における氏の制度の変遷」によると、明治九年三月十七日の太政官指令として、「妻の氏は『所生ノ氏』（＝実家の氏）を用いることとされる（夫婦別氏制）」とあり、その注記に「明治政府は、妻の氏に関して、実家の氏を名乗らせることとし、『夫婦別氏』を国民すべてに適用することとした」とあって、従来どおり妻は夫の姓ではなく、その実家の姓を名乗ることとされていたのだ。

「夫婦は、家を同じくすることにより、同じ氏を称することとされる（夫婦同氏制）」と、現在のように夫婦同姓とされたのは明治三十一年に民法が成立してからのことである。

つまり、ミヨは「山城」ではなく、実家の姓である「佐藤」を名乗り、「佐藤ミヨ」

山城ミヨの墓（大館市、寿仙寺）

と記されるべきなのだ。しかし、夫の家を相続していれば、逆に夫の姓を名乗る必要があった。そうでなければ、代々続いた夫の「家」がなくなってしまうからである。したがって、ミヨが山城姓とされているのは、すでに夫が死亡し、ミヨがその家を継いでいたことを物語っており、ミヨが女ながらに徴用に応じたのはそのためだったのだ。

明治十四年以後、ミヨの「不詳」の経歴が調べられ、生家から婚家、最期に至る経緯が明らかにされたようだが、『皇国女性の鑑』が記すように「弾丸雨飛の中を平然として」任務についていたということは、死亡の事実が〝神話化〟されたものと思われ、とても信じることはできない。むしろ、どのように身を潜めればいいのかもわからないまま被弾し、落命したというのが事実だったのではないだろうか。

ミヨの墓は茂木筑後の部隊の本陣が置かれていたという扇田の寿仙寺にあり、戒名を「寿山妙昌信女」という。同寺の山城家の墓域に「官軍秋藩山城ミヨ墓」と刻まれた墓碑があるが、建立されたのは大正五年（一九一六）十一月のことである。墓域内には「墓碑」とされる山城家の墓誌が建立されており、そこには後年になって判明したと思われる夫の名前「八右衛門」と「元治元年」という没年が刻まれている。

寿仙寺の本堂の前には、かつてミヨの等身大の木像が建てられていたが、火災によって焼失し、現在は「烈婦山城みよ女之像」と刻んだ台座が残されるのみである。

20 西郷頼母の娘・細布子
——会津戦争で自死に失敗し、薩摩藩士に介錯された女

慶応四年(一八六八)五月、新政府軍に藩領の南の入口というべき白河(福島県白河市)の地を奪われた会津藩は、七月までに数次の奪還戦を試みていたが、そのすべてに敗北した。

新政府軍の北上は続けられ、奥羽越列藩同盟に加盟していた諸藩もその軍門に降り、八月二十一日には二本松藩との藩境に位置する母成《ぼなり》峠での戦いが勃発する。守備していた会津藩兵や友軍の藩兵、大鳥圭介の率いる旧幕陸軍は持ちこたえることができずに敗走し、新政府軍は二十二日に猪苗代を抜いて城下を目指した。

会津藩は猪苗代湖から流れる日橋《にっぱし》川に架かる十六橋《じゅうろっきょう》を落とし、その西側に広がる戸ノ口原を防衛の拠点とするため、兵員を集中させる。

前藩主・松平容保が「鬼官兵衛」として知られる佐川官兵衛を先駆として、白虎一番

士中組と同二番士中組を率いて滝沢本陣へ出陣したのは、この日のことである。白虎隊は十六歳と十七歳の藩士の子弟によって組織された部隊で、身分によって士中組・寄合組・足軽組と区別されており、約四十人からなる二番士中組が戸ノ口原へ投入されたのだった。

二十三日早暁より新政府軍の攻撃は開始され、十六橋を落とす前に渡橋を許し、激戦が展開された。この戦いに会津藩は敗れ、白虎二番士中組の半数は本隊とはぐれて敗走し、城北東の飯盛山中腹へ逃れたが、そこから見えたのは火に包まれた若松城だった。実際には城下に進攻した新政府軍との戦闘による家屋の火災で、城は無事だったのだが、彼らはこれを落城と思い込み、次々と集団的な自刃を遂げるのである。

飯盛山には彼らを祀る十九基の墓碑が建立されているが、実際に飯盛山で死亡したのは、自刃後に蘇生した飯沼貞吉を除く十五人であり、そのなかには自刃者もあれば、受傷して力尽きた者もあった。

彼らの最期は「白虎隊の悲劇」として知られているが、この日は城下でも多数の悲劇が起きていた。

そのうちの一つが、代々が藩の要職をつとめ、城正面の追手町に屋敷のある西郷頼母《たのも》邸でのものだ。

城下では市街戦が始まり、事前に触れていたように入城を命じる半鐘が鳴り響き、

「老幼婦女子に至るまで、大小を帯び、長刀（薙刀）を提げ、城中に駈け入りたり」という状況だったが、老人や乳幼児を抱えていたため手間取り、「遅滞して街衢《がいく》に出るは、敵丸に当たりて死すものもあり、あるいはまた、敵の手に掛からんよりは、家内挙げて自刃するもあり」（『若松記』）という状況でもあった。

西郷頼母は天保元年（一八三〇）の生まれで、嘉永四年（一八五一）に飯沼久米之進の次女・千重子と結婚し、安政四年（一八五七）に家督を相続すると、当時の会津藩主・松平容保が京都守護職に任命された文久二年（一八六二）に家老職に就任した。

この間の嘉永六年に長女・細布子《たえこ》、安政三年に次女・瀑布子《たきこ》、同五年に長男・吉十郎、同六年に三女・田鶴子《たづこ》が誕生している。

頼母は容保の守護職就任に反対しており、就任後も辞任を進言したため家老を免職となった。隠棲を余儀なくされた頼母は下長原村（会津若松市一箕町）に「栖雲亭《せいうんてい》」を結んで、慶応四年まで幽居の日々を送る。この間の文久二年に早世する次男・五郎が生まれ、元治元年（一八六四）に四女・常磐子《とわこ》、慶応三年に五女・季子《すえこ》が生まれた。

慶応四年一月三日に勃発した鳥羽・伏見の戦いに旧幕側勢力は敗れ、会津藩兵は江戸へ敗走した。このとき頼母は家老に復職し、江戸へおもむいて藩邸の収拾を行って帰国するのだが、新政府は会津藩を朝敵として討伐令を下す。会津藩は藩境警備のため三月に玄武・青龍・朱雀・白虎の四隊を創設するなどの軍制改革を行い、頼母は白河口の総督に任命された。

会津藩は空き城同然だった白河城を奪取するが、その後の新政府軍による奪還戦に敗れる。五月以降に数次の白河攻撃を行うが、再奪還することはできず、八月二日に敗戦の責によって免職となり、閉門を命じられた。これは頼母が藩内で恭順、和議を主張し、その姿勢が藩兵の士気を削いだための措置とされる。

会津藩が籠城戦に突入した八月二十三日、前日に行われた城内での評議によって頼母は家老に復職し、水戸を脱した諸生党を率いて赤井村（会津若松市湊町）方面へ出陣した。しかし、戸ノ口原の戦いに敗れた藩兵とともに城下へ退却し、院内村（会津若松市東山町）より入城することとなる。

その日の城下での体験談がある。隈岡某という新政府軍兵士からの伝聞で、明治三十年の『史談会速記録』（一九輯）に収録されている。

それによると、隈岡がある屋敷の玄関口まで行き、留守のようなので食糧を求めてなかへ入ると、十七、八歳の娘が薙刀を手に出てきたため門口まで逃げたが、改めて引き返したみたところ、今度は誰も出てこなかった。そこで屋敷内の奥へ入って、あちらこちらの部屋の襖を開けてみると、「納戸のような所に小さな小児、三つくらいな者に、七つくらいな者、十歳くらいな者と、前の十七、八歳の娘さんと、妻は四十くらい、並んで首を斬っておった」のだという。

これが誰の屋敷であったかは伝えられていないが、会津藩家老・西郷頼母の家でも一族の自刃があった。

頼母の家族で死亡したのは、頼母の母親で五十八歳の律子、頼母の妻の千重子、頼母の妹で二十六歳の眉寿子《みすこ》と二十三歳の由布子《ゆうこ》、頼母の娘の細布子・瀑布子・田鶴子・常磐子・季子の九人で、唯一の男児である吉十郎は母親の命により入城し、頼母とともに会津・箱館の戦争を経て、明治の時代を迎えることとなる。

ほかに西郷邸では、支族の西郷鉄之助・きく夫妻、親戚の小森駿馬の祖母・ひで、駿馬の妻のみわ、駿馬の長男の千代吉、娘のつち・みつ、同じく町田伝八・ふさ夫妻と姉の浦路、浅井家に嫁した伝八の次女のたつ、たつの長男の彦の十二人もともに死を選んだ。千代吉は五歳、つちは十歳、みつと彦は二歳だった。

このうち細布子の最期については、頼母が明治二十九年（一八九六）に著した『栖雲記』に記録されている。「薩摩の国人中島信行が、我が旧藩人中林包明」に語ったもので、城門前の大きな屋敷に踏み入ったときのことという。

奥なる便殿に婦人多数並びおりて自刃せり。その内に齢十七、八なる女子の嬋娟《せんけん》たるが、いまだ死なずありて起きかえりたれど、その目は見えずありけんかし。声かす（微）かに味方か敵かと問うにぞ、わざと味方と答いしかば、身をかい探り懐剣を出せしは、これをもて命をとめてよとの事なるべけれど、見るに忍びねば、そのまま首をはねて出でる時、傍らに七十ばかりの老人が、いといさぎよく腹切りておりたり。（『栖雲記』）

死にきれずにいた娘は目が見えず、やってきた何者かに敵か味方かを問い、味方との答えを信じて介錯を願ったのだった。

頼母は娘が持っていた懐剣の柄に、自家の家紋と同じ九曜の飾りが施されていたことから、「女子は細布子、紋の目貫《めぬき》つけし懐剣も覚えあり」（『栖雲記』）と、細布子の最期であったと判断したのだという。

ところが、細布子を介錯した中島信行は「薩摩の国人」ではなく、土佐藩士であることから、平石弁蔵の『会津戊辰戦争　増補白虎隊娘子軍高齢者之健闘』では「薩摩」は「土佐」の誤りとされ、「氏（中島信行）後人に語りて曰く」と、中島が『栖雲記』とほぼ同様のエピソードを語ったとしている。その後、土佐藩士・中島信行は戊辰戦争に出征していなかったことが確認され、会津戦争に従軍した土佐藩士で、同姓の中島茶太郎の誤りではないかともされた。

しかし、どちらにしても頼母が記した「薩摩の国人」ではない。

明治二十年から翌年にかけて、弘前警察署長をつとめていた川島信行という旧薩摩藩士がいた。この「薩摩の国人」の川島が、実は『栖雲記』の記す「中島信行」だったのである。

「当時の事を人に語りし実話を記さんに……」として、『西郷隆盛一代記』に川島の回顧が紹介されている。

それによると、川島は薩摩軍の先鋒隊として甲賀口郭門より突入し、玄関が開け放たれている西郷邸に達したという。もちろん、邸内では全員が自殺していることは知らず、敵が待ち伏せしているかもしれないと兵士たちに注意を与え、「玄関より入り、書院と覚しきところを通り、奥の室に進み入りしに、無惨や十余名の男女（が）環座して自殺しおるを発見したり」と、西郷家の人々の遺体に遭遇したのだった。

続いて細布子との場面になるのだが、本人の弁だけにリアルである。文中の「妙子」は、もちろん細布子のことだ。

それより別の一室に入りしに、ここにも四、五名の婦人（が）自殺をなし、二、三人の子供もその傍らに倒れおりたり。（中略）しばらく死骸を眺めて皆涙を流したるが、その時十五、六ばかりの少女〈妙子〉の、いまだ玉の緒の絶えざるが、人の足音に驚きけん。頭を擡《もた》げ眼を見開き、「そこに参らるるは敵か味方か」と尋ね、敵なれば叶わぬながら何事かなさんとする気色なれば、余は少女の心を安めんとて、

「味方だ味方だ」と叫びしに、少女は莞爾として再びその場に倒れぬ。氏（川島）は駆け寄りて見るに、この少女は懐剣にて咽喉を突きたれども、窮（急）所を外していまだ死に切れず、苦悩の体なれば、余は不便（憫）に思い介錯をなし、少女の手より懐剣を取り、辞世の短冊を収め、後の紀（記）念にとて、これを携え帰りたり。

（『西郷隆盛一代記』）

川島が持ち帰ったという細布子の辞世は、妹の瀑布子が「手をとりてともに行きなばまよわじよ」と詠み、それに姉の細布子が「いざたどらまじ死出の山路を」と下の句を加えたものである。

「二十一人之墓」（会津若松市、善龍寺）

家老職にあった内藤介右衛門の一家は、入城することができずに門田町の菩提寺・泰雲寺に避難していたが、九月十七日に敵が付近に迫ると、やはり一族で自刃した。そのなかには英馬という三歳の男児もあったが、その口には菓子が含まれていたという。一瞬の喜びのうちに命を絶たれたのだが、西郷邸の乳幼児にも同様の配慮がなされていたのだろうか。

西郷邸で自刃した彼らの墓は会津若松市北青木の善龍寺にあり、墓地には「二十一人之墓」と刻まれた墓碑がある。

また、頼母の妻・千重子の辞世は「なよ竹の風にまかする身ながらも　たわまぬ節はありとこそきけ」といい、そこから名付けられた「なよ竹の碑」も同寺にある。これは昭和三年（一九二八）に建立されたもので、その裏面には会津藩の女性犠牲者二百三十三人の名前が刻まれている。

21　会津藩娘子隊・中野竹子

——会津戦争で敵に挑んで射殺された女

慶応四年（一八六八）八月二十三日、母成峠を突破した新政府軍は会津城下に進出したため、会津藩は籠城を余儀なくされた。

藩士の家族たちは城内に入り、一カ月に及ぶ籠城に耐えることとなるが、入城ができずに市外へと逃れた者も少なくなかった。

その一人である日向左衛門の娘・ユキは、「いざとなったらお城で早鐘をつくから、その時はすぐ城内に集まれ」とのことだったので、「八月二十三日の朝、八時（五ッ時）頃だったでしょうか、早鐘が鳴ったので、仕度をして行ってみましたが、その時はすでに遅く、お城の御門は堅く閉じられ、入ることはできませんでした」（『万年青』）と回顧している。

ユキは祖母・継母と三人の弟妹とともに、城下南方の御山《おやま》（会津若松市門田町）へ逃れるのだが、同じく面川《おもがわ》（会津若松市門田町）へ避難した人物は「その有様を窺い見るに、人ごとに荷を負い、あるいは槍、長刀を携え、または老人、病人を背負い、小児を抱き、それぞれ逃げ走る有様はたとえんものにもなし。真にあわれというもあまりあり」（『会津会会報』四号所収「戊辰戦乱避難の記」）と記録している。

しかし、槍であれ薙刀（長刀）であれ、女にとっては重く、ユキの継母は「薙刀を携え、大小を帯び、懐剣をふところにして勇ましく家を出ましたが、途中、重さと雨のために歩けなくなり、若党に大小を預けてしまいました」（『万年青』）とのことだ。

また、依田駒之進の娘・菊子も家が戦火に焼けたため、「私どもは身支度して薙刀を持ち、刀も持てるだけ持ち、私どもは大小四本も腰へ挿して立ち退いて、姉と一緒に城へ入ろうとしましたが、（中略）モウ城門は閉まっています」という状況で、仕方なく引き返そうとしたところで、「中野竹子様母子、姉妹御三人の方に御出会いし」（『会津婦女隊従軍の思ひ出』）たという。

この「中野竹子様」は雅号を小竹といい、父親は会津藩江戸詰勘定役・中野平内、母親は足利藩士・生沼喜内の娘でこう子といった。

『野史台維新史料叢書』中の「中野小竹伝」によると、竹子は嘉永三年（一八五〇）に江戸和田倉門内にある会津藩邸で生まれ、幼少より怜悧で、五、六歳のときには百人一首を間違えることなく暗誦し、父母の言いつけに従い、違《たが》えることはなかったという。

その後、文武の道に達した同藩士・赤岡大輔に竹子を託すと、学問は大いに進み、赤岡は竹子を養女に欲しがるほどだった。

十四、五歳になると四書五経なども理解し、一方で詩歌も通じ、しばしば藩より褒賞を受けたという。また、武道では薙刀を学んで技が進み、某侯の召しに応じて庭でその技量を披露し、見る者は誰もその巧妙なことに感じ入ったと伝わる。

優子という妹があったが、これも竹子と同様に知力と敏捷さを備えており、二人とも母親に似て「容貌端麗」だったとされる。

『会津戊辰戦史』は端的に「容色佳麗なり。かつて江戸の藩邸にありて妹優子とともに文武を修め、薙刀を藩士赤岡大助《ママ》に学び、ことにその鋪座に長じ、かねて和歌をよくせり」と評している。

ここでは竹子の生年が嘉永三年とされているのだが、弘化四年（一八四七）の生まれとも伝えられている。妹の優子は慶応四年に十六歳だったので、誕生は嘉永六年ということになる。弘化四年と嘉永六年では竹子と優子は六歳違いとなり、やや年の離れた姉妹となるのだが、この二人のあいだには豊記という長男がおり、この豊記が嘉永三年の生まれであり、これを竹子の生年と誤解していたとすれば、弘化四年・嘉永三年・嘉永六年と、三人の年齢差はごく自然なものとなる。

さらに「中野小竹伝」は、鳥羽・伏見の戦い後に江戸の会津藩士が帰国するときに同行し、「小竹、母妹と共に会津に帰り、阿（河）沼郡坂下《ばんげ》駅に寓し、児童を集めて読書、習字を授け、また薙刀術を教う」という生活を送っていたとする。

そして、すでに平内と豊記は入城していたため、二十三日に竹子ら三人が城下に駆けつけたとき、『会津婦女隊従軍の思ひ出』にあったように入城できずにいた菊子と遭遇するのである。

そこへ「岡村すま子様も来られましたので、そこで婦女隊ができた訳です」（『会津婦女隊従軍の思ひ出』）と述べているが、いかにも一つの部隊としての「婦女隊ができた」というのは事実ではない。どの藩においても婦人たちで組織された部隊は存在しない。結果的に戦場に立った女たちはいても、婦女子を兵員に加えることは、いつの時代でも恥とされていたのである。

この「婦女隊」は「娘子隊」「娘子軍」の名前で知られているが、竹子ら数人の女たちが戦いに加わったことから、後年になって名付けられたものであり、だからこそ一定の名称がないのだ。会津側の記録である『会津戊辰戦史』では、ただの「女隊」である。しかし、ここでは最も一般的と思われる「娘子隊」と表記することとしたい。

菊子は続けて娘子隊のメンバーについて、「その中、一番の年嵩は中野竹子様の御母様こう子様〈四十四歳〉、それから私の姉の依田まき子〈三十五歳〉、岡村すま子様〈三十歳ばかり〉、中野竹子様〈二十二歳〉、私ども依田菊子〈十八歳〉、中野竹子様の御妹御の優子様〈十六歳〉と云う順でしたが……」(『会津婦女隊従軍の思ひ出』)と述べている。わずか六人だ。

なお、『会津戊辰戦史』『七年史』などの会津藩側の記録では、一月に恭順論を説いたため、切腹に追い込まれた家老の神保修理の妻・雪子を、「中野小竹伝」では竹子とともに赤岡大輔に薙刀を学び、維新後に豊記に嫁ぐことになる平田小蝶を、それぞれ娘子隊のメンバーに加えている。しかし、菊子は彼女らの存在については触れておらず、娘子隊に加わったのは先の六人のみだったと考えられる。雪子や小蝶の名前があげられるのは、彼女たちが娘子隊とは別の戦いに加わっていたためなのだろう。

入城できずにいた竹子らだったが、そこへやってきた会津藩士より、容保の義姉である照姫が坂下村へ避難しているとのことを聞き、「それでは照姫様のところへ行こうと、皆で一緒に出掛けました」(『会津婦女隊従軍の思ひ出』)という。

しかし、誤報だったのか、女たちを城下から遠ざけようとしての方便だったのか、照姫は坂下にはいなかった。当然ではあるが、照姫は城内に残って籠城していたのである。

坂下まで行った娘子隊は同地の法界寺に宿泊するのだが、その夜、布団に入っていた菊子は、竹子と母親のこう子が小声で優子を殺す相談をしていることを耳にする。竹子たち三人はいずれも美人だったが、なかでも優子は若いうえに際立つ美しさであったため、「もし敵に押さえられて慰み物にでもされては恥辱だから、いっそ今夜のうちに殺してしまおう」というのだった。菊子は驚いて飛び跳ね。姉のまき子とともに説得を重ね、「殺さないでも、どうかなるだろうからと申して、ようやく思い止まっていただきました」(『会津婦女隊従軍の思ひ出』)のだという。

もちろん、二人は死を覚悟していた。だからこそ無垢な優子の身を案じ、恥辱や苦痛を知らないうちに、命を絶ってしまうことを考えたのである。

翌二十四日、娘子隊は坂下の会津藩軍事方に面会して従軍を願い出たが、もちろん許されるはずはない。しかし、彼女たちも引かなかった。『会津戊辰戦史』は「竹子等、切に乞うてやまざるにより……」とするばかりだが、決死の決意で懇願したのだろう。

二十五日に旧幕衝鋒隊ほかが城下に進撃するので、その陣後に従うことを許した。

北越方面で戦っていた衝鋒隊は、『北国戦争概略衝鉾隊之記』(ママ)に「二十五日朝、高久村に着陣す」とあるように、二十五日に山三郷《やまさんごう》(福島県喜多方市山都町)を経て高久《たかく》村(会津若松市神指町)に到着する。城の北方、四キロほどの村だ。

『会津婦女隊従軍の思ひ出』によると、娘子隊は彼らへの従軍が許されると、「私ども婦女隊一同は、皆頭髪はすでに斬髪《ざんぎり》にして男姿でおりましたが、その上へかねて用意の白羽二重で鉢巻きして、着物はしかし女の着物」と統一されていたが、こう子は鼠色の勝った黒い着物、岡本すま子も鼠がかった着物、依田まき子は浅黄がかった糸織の着物、依田菊子は縦縞の入った小豆色の縮緬の着物姿だったが、「中野竹子様御姉妹は江戸生まれの方なので、ことに御美しい御召物で、竹子様は青味がかった縮緬の御召物、優子様は紫縮緬の御召物」だった。

そして、「いずれも白羽二重の襷で袖をからげ、細い兵児帯《へこおび》に裾を括る義経袴と云う、模様の入った短い袴を穿き、脚絆に草履は紐で締め、大小刀を手挟み、薙刀を持ち……」、二十五日早朝に坂下より高久村へと移動するのだった。しかし、「戦いは夜に入ってからの心算《つもり》なので、途々百姓家などへ立ち寄って遊んで行きました」のだという。

娘子隊が衝鋒隊に従って高久村を出立した時刻は不明だが、「夕刻、涙橋に到着していよいよ戦ったのでありましたが……」というので、午後三時ごろのことだろうか。

『若松記』に「十二字（時）ごろ、我が集合兵ならびに長岡藩兵百余人は四ッ谷に向かい、四字（時）ごろ、衝鋒隊は分隊二百余名を古屋作（佐久）左衛門引率……」とあるが、この「四字」の衝鋒隊分隊の出陣に従ったようだ。

『会津婦女隊従軍の思ひ出』は娘子隊が「涙橋」で戦ったとする。

高久村方面から城下へ向かうと、国道二五二号線は湯川に架かる橋を渡ることになるが、この橋が涙橋（神指町橋本）である。かつて橋の近くに刑場があり、処刑される罪人の家族が見送り、この橋で涙の別れをしたことから涙橋と呼ばれるようになったもので、正しくは柳橋という。

『北国戦争概略衝鉾隊之記』は、この日のこととして「我が兵奮激、ただちに進撃、涙橋に戦いて撃ち破り七日丁（町）に進む」と、涙橋で戦闘があったことを伝えている。

この戦いに娘子隊は巻き込まれ、竹子は戦死した。

ここにおいて東軍苦戦に陥り死傷相踵《つ》ぐ。時に西軍中、励声連呼するものあり、
「生け捕れい……生け捕れい……」
と、けだし婦人と悟りしなり。声に応じ敵兵婦人隊を目がけて一時に群がり来たる。
婦人隊また互いに相呼び、相励まし
「生け捕らるな……生け捕りの恥辱を受くるな……」
と、疾呼血を吐くがごとし。
かくのごとく力戦奮闘中、不幸にして竹子敵弾に斃《たお》る。

『会津戊辰戦争　増補白虎隊娘子軍高齢者之健闘』はこのように記しているのだが、これは想像の産物であって事実ではない。

『北国戦争概略衝鉾隊之記』にあるように、衝鋒隊は涙橋で戦ったのちに七日町まで進撃しているので、戦いそのものは激戦というものではなく、むしろ小戦というべきものであったようだ。

また、娘子隊は「この戦争になりましても、やはり男達の方で、私達には出るな出る

なと止めますので、充分な働きはできませんでしたが……」とし、「惜しい事には竹子様だけが、真正面から来た弾丸が額に当たって亡くなられました」（『会津婦女隊従軍の思ひ出』）と伝えている。おそらく、娘子隊とともに後方に控えていた竹子は、狙撃というよりも、不運な流れ弾の犠牲になったのだろう。

竹子の首級は妹の優子が落とした。

お妹御の優子様はその時、御母様に「お姉様の御首級《おしるし》を敵に渡さぬように、私が介錯しましょう」と云って、敵と遣り合いながらに段々とお姉様の方へ近寄って来られて、とうとう見事に介錯せられて、白羽二重の鉢巻きか何かに御首級を御包みに

「中野竹子殉節之地」の碑（会津若松市神指町）

なりました。もっとも女の事なので、頭髪の毛が引っかかって御首級が容易に取れなかったのを、男の方が手伝っておあげになったようです。

(『会津婦女隊従軍の思ひ出』)

竹子の首級は坂下の法界寺に葬られ、同寺には竹子が最後に手にしていたという、柄の長さが五尺三寸(約一六二センチ)、刃渡が一尺五寸(約四五センチ)の薙刀が伝わっている。

その薙刀の柄に、竹子は短冊に書いた和歌を結び付けて出陣したという。

武士《もののふ》の猛き心にくらぶれば　数にも入らぬ我が身ながらも

竹子の辞世である。

法界寺には「小竹女史之墓」と刻まれた竹子の墓碑があり、涙橋の北方一キロほどの神指町黒川の地に「中野竹子殉節之地」の石碑と、薙刀を構えた竹子の石像がある。

22 北島幸次郎の妻・美岐

——旧幕軍による松前攻略戦で自殺した女

慶応四年（一八六八）九月八日、新政府は年号を「明治」と改めた。

それまでに奥羽越列藩同盟の諸藩は新政府軍の前に次々と降伏しており、九月十三日には米沢藩が、十五日には仙台藩が、二十五日には盛岡藩が軍門に下る。また、籠城戦を続けていた会津藩も二十二日に開城し、最後まで自領に新政府軍の侵入を許さなかった庄内藩も二十三日に降伏の使者を送っていた。

こうして奥州の戦乱は終結することになるのだが、同盟諸藩の援護のため旧幕艦隊を率いて江戸を脱し、仙台に上陸した旧幕海軍副総裁・榎本武揚は抗戦を断念していなかった。仙台藩が降伏に傾くと、会津戦線から仙台へと転進した大鳥圭介の率いる旧幕陸軍と合流し、二千数百人となった海陸両軍は新たな戦場として蝦夷地を目指すこととなる。

九月十九日に仙台城下をあとにした榎本以下の旧幕軍は、旧幕艦隊に分乗すると十月十二日に折浜（宮城県石巻市）を出航し、二十日から蝦夷地内浦湾鷲ノ木沖に集結した。そして、二十一日に陸軍が鷲ノ木浜（茅部郡森町）へ上陸すると、大鳥圭介が伝習第一大隊・伝習第二大隊・遊撃隊・新選組の旧幕諸隊を率いて内陸部の本道を、元新選組副長の土方歳三が同じく額兵隊・陸軍隊、それに土方の護衛隊というべき守衛新選組と海岸線に沿った間道を進んだ。

両軍の目的地は五稜郭（函館市五稜郭町）である。

五稜郭は元治元年（一八六四）に竣工した洋式城郭で、かつては旧幕府の箱館奉行所があったが、当時は清水谷公考《きんなる》を府知事とする新政府の箱館府が置かれていた。

旧幕軍上陸の報に箱館府では府兵のほかに、進駐していた津軽・福山・大野の藩兵、それに蝦夷地唯一の藩である松前の藩兵を本道に派遣して迎撃したが、大鳥の部隊に撃退されてしまう。その結果、箱館府知事以下は海を渡って青森へ逃れ、松前藩兵も自領に戻ったため、大鳥・土方の軍勢は五稜郭を無血占拠し、のちに榎本を総督とする旧幕軍の本拠地とされた。

五稜郭占拠の翌々日、土方歳三は額兵隊・陸軍隊・彰義隊・守衛新選組からなる七百人の攻略軍を率いて松前へ進軍する。攻略軍は海岸線に沿って、茂辺地村（北斗市）から木古内村（上磯郡）、さらに知内村（上磯郡）に宿陣した十一月一日に松前藩兵の夜襲を受け、四日には松前領福島村（松前郡）の藩兵を破り、ついに五日早朝より松前城の攻略を開始した。

松前藩兵は城下より十数キロ東方を流れる及部《およべ》川で防戦したが、攻略軍はこれを打ち破って城下に突進すると、城の東方四〇〇メートルほどの高台にある法華寺に進み、その墓地に大砲を据えて城と周辺の砲台に砲撃を加える。次いで攻略軍は城門に迫り、城内の松前藩兵は激しく抵抗したが、土方歳三は少数の兵を率いて手薄となっている城北を衝き、一気に入城すると背後から攻撃した。

守衛新選組として随行していた新選組隊士・島田魁は、「総督（土方）、陸軍隊、守衛新選組を率いて城裏に廻り、楷子をもって石檣を登り城中へ潜み入る。敵軍いまだ知らず。我が軍大喝して銃を放つ」（『島田魁日記』）と記録する。この奇襲によって松前藩兵は大混乱に陥り、攻略軍は城門を突破した。

このとき松前藩主・松前徳広は内陸部に新造された館村（檜山郡厚沢部町）の城に避難していたが、ここも別ルートを進んだ旧幕軍に襲われて陥落し、松前・館の藩兵は藩主ともども江差（檜山郡）へ敗走する。さらに、江差も攻略軍の追撃を受けて一行は熊石村（爾志郡）まで退却すると、和船に分乗して津軽海峡を渡り、平館村（青森県東津軽郡）へと逃れるのだった。

この松前城攻防戦で、北島幸次郎の妻・美岐が死亡していた。三十九歳である。

松前町の神止山招魂場に美岐の墓があり、「烈婦川内美岐子之墓」との案内が立てられている。

墓石には「烈婦川内氏之墓」と刻まれていたのだが、いつのことか「川」の文字の途中で二つに折れてしまい、平成十年（一九九八）に現地を訪れたときには、それをコンクリートで繋いで補修してあった。その後、ふたたび接合部より折れてしまい、現在では折れた墓石の上部は傍らに横たえられていて、文字の風化が進んでしまったようだ。

この美岐は天保元年（一八三〇）に松前に住む川内武兵衛の二女として生まれ、弘化二年（一八四五）三月に松前藩足軽・北島幸次郎に嫁いだ。

北島家の嫁となったにもかかわらず、美岐の墓碑に「川内」の旧姓が刻まれていることについて、あくまでも一例ではあるが、平成二十六年刊行の『北の墓』にも「北島家に嫁いだのになぜ旧姓を使っているのかなど解せない点もある」としている。

また、夫が攻略軍の侵入に恐れをなして逃亡してしまったため、それを恥じて夫の姓ではなく、旧姓が刻まれたという見解もあるようだが、これについては先に「山城八右衛門の妻・ミヨ」で触れたように、明治九年の太政官指令に妻の姓は実家のものを用いるとされていることから、「川内」とあるのは当然のことだ。

嫁いでからの美岐は「資性柔順、貞節よく姑につかえて孝養を尽くし、姑の死去まで十八年の間、いまだかつて一日もその心に悖《もと》らず、里人これを賞揚せり」（『北海道史人名字彙』）ということで、悦之進という長男にも恵まれた。

松前攻略軍の進軍の報に、悦之進は父親の幸次郎とともに出陣したが戦いは敗れ、藩内では江差方面に逃れて来援部隊を待ち、それから松前を回復しようと決したのだが、美岐は「これを武門の恥辱とし、悲憤のあまり自ら咽喉を掻き切って壮烈な死を遂げた」（『靖国神社忠魂史』）のだという。

同様に『北海道史人名字彙』は、美岐は敗走時に「主君累代の城地、今賊に奪われて一人の義に死するものなきやと、自害して歿す」としているが、これらの基となったのは、明治八年（一八七五）に作成された「開拓使函館支庁管内在籍臣民殉難死節履歴顚末調書」中の、「明治元年戊辰十一月、脱賊襲来福山（松前）城賊有となり、夫幸次郎、

川内美岐の墓（松前町、神止山招魂場）

男悦之進江差に引き揚げ、美岐独り福山に留まり、悲憤に堪えず十一月五日自殺す」（『埋もれていた箱館戦争』所収）という記述である。

また、『松前町史』は「落城を悲嘆して鋏《はさみ》で喉を突いて自害し……」と、自刃に鋏を用いたことを伝え、あるいは、城中にあって防戦の足手まといにならないよう、懐剣で喉を突いたとするものもあるが、どちらもその根拠は明らかではない。

いずれにしても、武士も及ばないような最期を遂げたことから、美岐は「烈婦」として祀られたのである。

なお『靖国神社百年史』では「美岐は敵兵に抵抗を試み、戦死した」としているのだが、これは誤認というよりも、美岐の最期を〝美化〟してしまった結果であろう。

さらに『松前町史』は、美岐を「靖国神社女性祭神の第一号として祀られる……」としているが、これも前出の『靖国神社百年史』にあったように、明治二年六月二十八日の第一回合祀において合祀された女性は、山城八右衛門の妻・ミヨただ一人だった。

明治二十四年十一月五日の第二十回の合祀では千二百七十七人が祭神とされ、うち女性合祀者は、これまでに取り上げた武田耕雲斎の妻・とき子、川瀬太宰の妻・幸、落合孫右衛門の妻・ハナら十八人であり、このときに美岐も祀られている。

松前藩は明治二年六月に館藩と改称し、館藩では十二月に美岐を賞誉し、長男・悦之進を永世徒並《かちなみ》に取り立て、次のような感状を与えた。

北島悦之進

その方母ミキ事、客冬流賊入冦の時に当たり、悲憤に堪えず節死に及び候条、深く御感賞遊ばさる。よってその方儀、永世徒士《ママ》並仰せ付けられ候に付き、ますますもって奮発激励、報国尽忠、慈母の遺芳を千秋に炤（照）燿すべく候。

巳（明治二年）十二月　　館　藩　（『北海道史人名字彙』）

これによって悦之進は徒並に任じられ、幕末期にあっては武士の最下層だった足軽から徒と同列に昇進する。しかし、その身分が「北島幸次郎倅悦之進」とされていないことから、これまでに悦之進は父・幸次郎の家督を相続し、北島家の当主となっていたものと思われる。

つまり、幸次郎は隠居するか、死亡していたはずなのだが、松前藩が蝦夷地における旧幕軍との戦いを記録した『戦争御届書』において、幸次郎は戦死者として数えられていない。美岐の年齢から幸次郎は四十代だったと思われることから、戦いで受傷したことなどにより、悦之進に家督を譲っていた可能性が高いようである。

この感状が下された七カ月前の明治二年五月、新政府軍は旧幕軍の拠点である五稜郭と箱館市中に総攻撃を敢行し、榎本武揚以下の旧幕軍を降伏させた。

ここに嘉永六年（一八五三）のペリー来航に始まり、十六年に及んだ幕末の動乱と戦乱の時代は終結するのである。

あとがき

「歴史」とは勝者・権力者のものであり、男たちのものであるといわれます。もちろん、その一つである「幕末」という時代も同様です。その背後には庶民がおり、女たちがいたことは、頭のなかでは理解できるのですが、現実に調べてみると、そこは男たちの名前で溢れています。そして、それで幕末を語ることができます。

振り返ると、幕末史のなかに「女」の死を印象づけられたのは、十七年前に箱館戦争の取材で訪れた北海道の松前町にある松前護国神社で、本書でも取り上げた「川内美岐」の墓に出会ったときだったかもしれません。

当然、護国神社に祀られているのは松前藩士たちで、そのなかに一基だけ美岐の墓があり、案内板もあったと記憶していますが、どういう事情があったのだろうと思ったものです。本書に掲載した美岐の墓碑写真は、そのときに撮影したものです。

「幕末」という時代に〝殺された〟女たちの事実を探ってみようと考えたのは、今から数年前のことなのですが、そこには美岐の存在があったのかもしれません。

本書では二十二人の死を取り上げておりますが、会津戦争では数倍の女たちが戦いの足手まといにならないようにと、幼子を殺し、みずからも自死を遂げています。彼女たちを取り上げれば、それだけで一冊の本になってしまいますので、ここでは自死した「西郷細布子」と、戦死した「中野竹子」の二人に代表してもらうことにしました。

本書で取り上げた女たちのほかに、全国各地にはまだまだ人知れず眠っている、「幕末」という時代に〝殺された〟女たちがいることと思います。無責任なようですが、どなたかが彼女たちを発掘し、報告してくださることを切に願っております。

最後に、本書を担当してくださった筑摩書房の小川宜裕氏、参考にさせていただいた書籍・雑誌の執筆者の方々、写真をご提供くださった旧知の結喜しはや氏、そして、何よりも本書を手にとってくださった皆様に御礼を申し上げます。

平成二十七年二月

菊地　明

引用・参考文献

『会津会会報』四号　会津会編・刊
『会津人が書けなかった会津戦争』牧野登　歴史春秋社
『会津藩庁記録』日本史籍協会編　東京大学出版会
『会津藩戊辰戦争日誌』菊地明編著　新人物往来社
『会津戊辰戦史』会津戊辰戦史編纂会編　東京大学出版会
『会津戊辰戦争史料集』宮﨑十三八編　新人物往来社
『会津戊辰戦争　増補白虎隊娘子軍高齢者之健闘』平石弁蔵　丸八商店出版部
『秋田沿革史大成』橋本宗彦　橋本宗一
『安政の大獄』松岡英夫　中公新書
『井伊家史料』東京大学史料編纂所編　東京大学出版会
『井伊直弼』吉田常吉　吉川弘文館
『石坂翁小伝』石坂周造述・柿沼柳作記　森川熊造
『維新志士池田徳太郎』沢井常四郎　広島県三原図書館
『維新戦役実歴談』維新戦歿者五十年祭事務所編・刊
『維新土佐勤王史』瑞山会編　冨山房
『維新秘史　日米外交の真相』生駒粂蔵　金港堂書籍
『埋もれていた箱館戦争』脇哲　みやま書房
『梅田雲浜遺稿並伝』佐伯仲蔵　有朋堂書店
『梅田雲浜関係史料』青木晦蔵・佐伯仲蔵編　東京大学出版会

『梅田雲浜と維新秘史』梅田薫　東京正生学院
『江戸女百花譜』田井友季子　櫂書房
『近江人物志』滋賀県教育会編　文泉堂
『大橋訥庵伝』寺田剛　慧文社
『温古見聞彙纂』平林九兵衛編・刊
『開明小説春雨文庫』松村春輔　大島屋伝右衛門
『嘉永明治年間録』吉野真保　巌南堂書店
『甲子雑録』日本史籍協会編　東京大学出版会
『加藤司書伝』中野景雄　司書会
『加藤司書公之伝』加藤司書顕彰会編・刊
『加藤司書の周辺』成松正隆　西日本新聞社
『上山市史』上山市市史編さん委員会編　上山市
『岩亀楼烈女喜遊』大東義人　経済公報社
『官武通紀』日本史籍協会編　東京大学出版会
『北の墓』合田一道・一道塾　柏艪舎
『吉川経幹周旋記』日本史籍協会編　東京大学出版会
『旧秋月藩用役臼井亘理遭難遺蹟』江島茂逸　渡辺耕助刊
『旧幕府』二巻三号　戸川安宅編　原書房
『清河八郎』小山松勝一郎　新人物往来社
『清河八郎遺著』山路愛山編　東京大学出版会
『近世佳人伝』蒲生重章
『近世女流書道名家史伝』市川青岳　日本図書センター

『近世名婦伝　孝貞節烈』岡田霞船編　聚栄堂
『近世名婦百人撰』岡田霞船　聚栄堂
『見聞略記』高田茂広校注　海鳥社
『皇国女性の鑑』八谷大麟　肥前郷土史出版後援会
『国立歴史民俗博物館研究報告』一二八集　国立歴史民俗博物館編・刊
『西郷隆盛一代記』村井弦斎・福良竹亭編　報知社
『埼玉大学紀要総合篇』五巻　埼玉大学編・刊
『阪下義挙録』沢本江南編　阪下事件表彰会
『相楽総三関係史料集』信濃教育会諏訪部会編　信濃教育会
『相楽総三・赤報隊史料集』西澤朱実編　マツノ書房
『相楽総三とその同志』長谷川伸　中公文庫
『桜田義挙録』岩崎英重　吉川弘文館
『史談会速記録』一五・一九・一四五・一四八・一七七・一七九・三六二・三六四輯　原書房
『七年史』北原雅長　東京大学出版会
『実説秘話　唐人お吉物語』竹内範男　宝福寺お吉記念館
『下田市史』下田市史編纂委員会　下田市教育委員会
『下野烈士伝』戸田忠剛編　東洋堂
『修補殉難録稿』宮内省編　吉川弘文館
『守護職小史』北原雅長
『松陰先生遺著』吉田庫三編　民友社
『神社協会雑誌』三一巻二・三号　国書刊行会
『新選組遺聞』子母沢寛　中公文庫

『新撰京都叢書』新撰京都叢書刊行会編著　臨川書店
『新選組史料集』新人物往来社編・刊
『新訂黒田家譜』川添昭二・福岡古文書を読む会校訂　文献出版
『鈴木大日記』汲古書院
『巣内信善遺稿』日本史籍協会編　東京大学出版会
『昔夢会筆記』渋沢栄一編　平凡社
『膳所藩勤王家列伝』水野正香
『膳所藩烈士詳伝』竹内将人編　大津市御殿浜丹保宮社務所
『総合資料館だより』一四一号　京都府総合資料館
『贈正四位梅田雲浜先生』雲浜事蹟保存会編・刊
『続維新の女』楠戸義昭・岩尾光代　毎日新聞社
『続徳川実紀』経済雑誌社校・刊
『尊攘堂書類雑記』日本史籍協会編　東京大学出版会
『大西郷全集』大西郷全集刊行会編・刊
『武田耕雲斎詳伝』大内地山　水戸学精神作興会
『武市瑞山関係文書』日本史籍協会編　東京大学出版会
『筑紫史談』五集　筑紫史談会
『丁卯雑拾録』日本史籍協会編　東京大学出版会
『寺村左膳道成日記』横田達雄編　県立青山文庫後援会
『東西評林』日本史籍協会編　東京大学出版会
『徳川慶喜公伝史料篇』日本史籍協会編　東京大学出版会
『中山忠能履歴資料』日本史籍協会編　東京大学出版会

『南柯紀行・北国戦争概略衝鉾隊之記』大鳥圭介・今井信郎　新人物往来社
『南部史要』菊池悟郎編・刊
『沼沢道子君之伝』高木盛之輔　沼沢七郎
『幕末維新全殉難者名鑑』明田鉄男編　新人物往来社
『幕末開港綿羊娘情史』中里機庵　赤炉閣書房
『幕末天誅斬奸録』菊地明　新人物往来社
『幕末のおんな』新人物往来社編・刊
『幕末・明治の写真』小沢健志編　ちくま学芸文庫
『ハリス』坂田精一　吉川弘文館
『武江年表』斎藤月岑　国書刊行会
『藤岡屋日記』鈴木棠三・小池章太郎編　三一書房
『別冊歴史読本』五二号　新人物往来社
『北海道史人名字彙』河野常吉編著　北海道出版企画センター
『松前町史』松前町史編纂室編　松前町
『水戸幕末風雲録』沢本孟虎編　常陽明治記念会
『水戸藩史料』吉川弘文館
『宮地団四郎日記』小美濃清明編著　右文書院
『明治維新史料幕末期』鶴岡市史編纂会編　鶴岡市
『明治維新草莽運動史』高木俊輔　勁草書房
『物語秋月史　幕末維新編』三浦末雄　亀陽文庫
『靖国神社忠魂史』靖国神社社務所編・刊
『靖国神社百年史』靖国神社

『野史台維新史料叢書（伝記）』日本史籍協会編　東京大学出版会
『梁川星巌翁附紅蘭女史』伊藤信　梁川星巌翁遺徳顕彰会
『山内家史料幕末維新』山内家史料刊行委員会　山内神社宝物資料館
『横浜開港五十年史』横浜商工会議所編　名著出版
『横浜開港側面史』横浜貿易新報社編・刊
『横浜市史稿』横浜市編　臨川書店
『霊山歴史館紀要』七号　霊山顕彰会
『類聚伝記大日本史』雄山閣出版
『歴史研究』平成二〇年五月号　歴史研究会
『若宮町誌』若宮町誌編さん委員会編　若宮町
　その他、国立公文書館・東京大学史料編纂所・早稲田大学図書館所蔵資史料

図版所蔵・撮影（数字は見出し番号）

東京大学史料編纂所（同ホームページよりの転載）7-1
国立国会図書館（同ホームページよりの転載）3-1、6-1、12-1
結喜しはや　1、2、9、10、11
著者　3-2、4、5、6-2、7-2、8、12-2、13、15、16、17、20、21、22

本書は文庫書き下しである。

ちくま文庫

「幕末《ばくまつ》」に殺《ころ》された女《おんな》たち

二〇一五年五月十日　第一刷発行

著　者　菊地明（きくち・あきら）
発行者　熊沢敏之
発行所　株式会社　筑摩書房
東京都台東区蔵前二―五―三　〒一一一―八七五五
振替〇〇一六〇―八―四一二三
装幀者　安野光雅
印刷所　中央精版印刷株式会社
製本所　中央精版印刷株式会社
乱丁・落丁本の場合は、左記宛にご送付下さい。
送料小社負担でお取り替えいたします。
ご注文・お問い合わせも左記へお願いします。
筑摩書房サービスセンター
埼玉県さいたま市北区櫛引町二―六〇四　〒三三一―八五〇七
電話番号　〇四八―六五一―〇〇五三

ISBN978-4-480-43264-3 C0121